「無意識」はすべてを知っている

内なる力を呼び覚ます

比較宗教学者
町田宗鳳

青春出版社

本書はNHKテキスト『こころをよむ　無意識との対話――身心を見つめなおす』を再編集・加筆のうえ単行本化したものです。

はじめに

「宝の持ち腐れ」という言葉があります。貴重なものを押し入れやタンスの引き出しに入れたまま、使わないでいることです。ずいぶんもったいないことと思うのですが、実は私たちはそれと同じことを心の世界でしてしまっているのです。

さて、その「宝」とは何でしょうか。

それは、ほかならぬ「無意識の力」です。それは決して特別なものではなく、誰もが朝から晩まで、それを使って生活しています。しかし、私たちはそのことをきちんと理解できていません。情報化社会に生きている現代人は、大なり小なり頭でっかちになってしまっていて、何でも自分が頭で考えて、きちんと判断し、行動していると思い込んでいます。

しかし、道を歩くにも、車を運転するにも、ほとんどのことを私たちは無意識のうちに実行しています。お腹が空けば食事をするし、お腹がいっぱいになれば、箸を置きます。なのに、私たちは「意識の力」で頑張って、大真面目に生きようとしてはいないでしょうか。身も心も疲れてしまうことがあるのは、そのためです。大なり小なり、現代人は「燃え尽き症候群」にかかっています。

だからこそ、この「無意識の力」に注目して、それに生活をゆだねていけば、人生はもっと気楽なものになるだけでなく、より創造的なものになっていくのではないか、というのが私の考えです。「無意識の力」は、私たちが頭であのこうのと考えるよりも、はるかに立派な仕事をやりこなしてくれるからです。

とはいえ「無意識の力」と言われても、「無意識」とはそもそも何なのか、といった疑問を持たれる方は多いでしょう。

近代では、無意識とは心理学者であるジグムント・フロイトが作った概念として知られ、そこから発展した深層心理学において、無意識はさまざまな角度から研究が行われてきました。しかしフロイトが登場するずっと以前から、とくに仏教においては、人が意識だけでなく、無意識と深く関わっていることが明確に自覚されており、蓄積されてきた知見があります。

本書では、私たちを知らないうちに動かす無意識とはいったい何なのか、心理学や仏教の考え方をさまざまに紹介しながら明らかにしていくとともに、私自身の長年の比較宗教学の研究や、仏道修行の現場から得てきた、無意識に対する考え方を展開していきたいと思います。

そのうえで、その「無意識の力」を味方につける、言うなれば「無意識と対話して夢を実現させる道」について、私なりの考えをお話ししたいと思います。

＊＊＊

それに先立って、なぜ今、私が無意識を語るのかを述べておきます。

私は一四歳のときに家出をし、ひょんなことから仏門に入り、雲水《うんすい》（修行僧）として托《たく》鉢《はつ》と作務《さむ》と坐禅に明け暮れました。二〇年という歳月を禅寺で過ごした後、宗教全般に対して、もっと広い視野を得るために思い切って渡米し、向こうの大学で一年生として学び直しました。

数年がかりで博士号を取得し、アメリカやシンガポールの大学で教鞭をとるようになった私は、比較宗教学者として世界を飛び回り、仏教やキリスト教以外の宗教にも直接触れる機会を多くもつことになります。とくに、一神教文化圏のアメリカ東海岸から多神教文化圏であるアジアの拠点、シンガポールへの移住は、私の宗教観を一新するほどのインパクトがありました。

そのような長い宗教遍歴をたどってきた私の比較宗教学者としての結論は、まことに身も蓋もありませんが、「〈愛〉と〈赦《ゆる》し〉を説く宗教が、大半の場合において、人を幸せにしない」というものです。

この意見に反論される方が多くいらっしゃることは承知しています。なぜ私がこうした結論に至ったか、それについて述べ始めると紙幅がいくらあっても足りませんので、ご興味のある方は拙書『人類は「宗教」に勝てるか――一神教文明の終焉』をお読みください。

西洋哲学を生み出した一神教的世界観は、輝かしい近代文明を作りあげてきました。しかし、「真理を体現する神は、絶対的善であるがゆえに、一切の過ちを犯すことがない」という一神教的な考え方は、どうしても排除の論理を生み、異なる神を崇める者同士の対立を生みます。今も各地で紛争や戦争が絶え間なく起こり、人類社会に平和が訪れる気配はありません。

そうした近代文明が限界を迎えつつある今、私はアジア的な多神教的世界観とも袂《たもと》を分かち、〝無神教的コスモロジー〟という新たな宗教的局面を展望しています。それは特定の神を崇めることとは異なり、個々の内面を意識から無意識へと掘り下げていく世界です。だからこそ私は、人間の内面に広がる広大な宇宙とも言える、無意識の世界に着目するのです。

無意識を考え、問い直し、対話の通路を創り出すことは、私たちの生きる社会をいま一度見つめなおし、私たちの生き方一つひとつを変えていくことにつながるのではないか。私の中にはそうした確信めいたものがあります。

＊＊＊

前置きが長くなりました。

無意識とつながることができれば、私たちの人生の風景は大きく変わってくるはずです。しかし、決して難しく考える必要はありません。すでに自分の心の中で実現している世界を見つめなおしていく作業ですので、どなたにも納得していただける内容にしたいと願っています。

町田宗鳳

「無意識」はすべてを知っている　内なる力を呼び覚ます　目次

序章　村上春樹とイチローの共通点

第1章

無意識はどう考えられてきたか

第2章

盤珪禅師が説いた「不生の仏心」

第3章

こころの中の「五重塔」

第4章

潜在意識の奥にあるもの

第5章

無意識との対話を実現するには？

第6章

無意識を浄化する

第7章 「祈りの力」を考える

ブックデザイン 大場君人
イラストレーション 小池アミイゴ
DTP センターメディア

序章

村上春樹と
イチローの共通点

村上春樹の魅力はどこからくるのか

「はじめに」でも書きましたが、「無意識とつながる」と聞いても、おそらく多くの方は、そもそも無意識とは何か、そしてそれと対話するとはどういうことか、わからないという方が多いことでしょう。

まずはイントロダクションとして、個人レベルで無意識の持つ力に自覚的な、あるいは自覚的でなくとも結果的にそれを生かし、「無意識との対話」を実現していると思われる著名人二人の話から、無意識をめぐる探求を始めてみたいと思います。

無意識というものを論じるとき、どうしても言及したくなるのが、作家の村上春樹さんです。彼がプリンストン大学の客員講師をしているとき、私も同じ東アジア研究学部で助教授をしていたので、個人的にお会いする機会が何度もありました。ふだんは、とてもシャイな人であり、そのもの静かな性格とは裏腹に、彼が作家として世界的な名声を勝ち得ていることに不思議な感じがしました。

ご存じのように毎年ノーベル文学賞の発表時期になると、村上春樹氏の名前はメディアに取り沙汰されます。カフカ賞、アンデルセン文学賞、エルサレム賞など数多くの受賞歴をもつ彼が、ノーベル賞を受賞するのは時間の問題だと思われます。

谷崎潤一郎、川端康成、三島由紀夫など近代日本文学の大御所と比べて、村上氏の現代的文章は、とても平易で親しみやすいものです。ただ、決して常識的ではない隠喩が多く用いられており、作品の内容は難解とされています。現実と非現実の世界をシームレスに往来する彼の作風には、ついていけない読者も少なからずいるはずです。

ご本人も「非常に簡単な言葉で、非常に複雑な物語を語りたい」と発言しています。なのに、彼の作品集がここまで世界各国の人々の心をとらえるのは、なぜでしょうか。

これはご本人からも聞いたことですが、彼は小説を書くとき、あらかじめプロット（あらすじ）を用意せず、印象に強く残った光景から物語を展開しはじめると言います。そこに、村上文学の大きな秘密が隠されています。

私は村上氏に半分冗談のつもりで、「将来、自分も小説を書くとしたら、どういうふうにすればいいんですか」と尋ねたことがあります。すると、次のような言葉が返ってきました。

「ほら、ちょうどカメラで色んなショットを撮るように、あちこちで印象に残った光景のイメージを集めていけばいいんです。そして自分の中から『ヴォイス』が聞こえてくるのを待ってから、集めたイメージをつないでいけば、一つのストーリーができるんです」

それは村上氏からいただいた、忘れがたいアドバイスでした。そのアドバイスのおかげで、私が本物の作家になれるかどうかは別問題ですが、あらかじめプロットが書けるのは、「こういう展開にすれば、読者の意表を突くことになる」などと、意識の上であれこれ考え抜いているからです。

私たち学者が書く学術論文などは、意識の典型的産物であり、序文から結論まで終始一貫した論理性がなければ論文とは認められません。しかも、エビデンス（証拠）がないと理論の構築ができませんから、どの部分を切り取っても憶測や仮定があってはいけないのです。

そういう学術論文の対極にあるのが、人間の想像力を駆使して書かれたフィクションです。私自身も『法然の涙』『森女と一休』『光りの海』など、今まで三本の小説を書いてきましたが、それは学者としての思考パターンを離れて、より深い意識からの自己表現をしてみたかったからです。

村上氏が大半の作家と異なるのは、想像力の根を無意識にまで下げているところにあるのではないかと思います。河合隼雄物語賞・学芸賞創設記念講演の公開インタビューで、彼は次のように語っています（お相手は文芸評論家の湯川豊さんです）。

湯川　先ほどの河合さんについての話を興味深く聞きました。村上さんは『海辺のカフカ』のときの長いインタビューで「人間は2階建てであり、1階、2階のほかに地下室があってそこに記憶の残骸がある」とおっしゃっていた。その上で「本当の物語はそこにはない。もっと深いところに地下2階があって、そこに本当の人間のドラマやストーリーがある」と。（後略）

村上　僕は以前から地下1階の下にはわけの分からない空間が広がっていると感じていました。多くの小説や音楽は（作家や音楽家が）記憶や魂の残骸が残っている地下1階を訪れることで書かれているが、それでは人の心をつかまえるものは生まれない。（米国の作家）スコット・フィッツジェラルドは、人と違うことを書きたければ人と違う言葉で書け、と言っていた。また（ジャズピアニストの）セロニアス・モンクは「どうやったらこんな音が出るのか」と尋ねられ、「鍵盤は88本あるだろう。みんなこれで音を作っている」と言っていましたが、そのなかで魂に響くピアノを弾いていた。もっとも、（地下1階の）下まで行く通路を見つけた人はそれほど多くない。実際、地下1階を訪れて書いていた方が、ロジカルな批評はしやすい。(作曲家の)モーツァルトとサリエリもそう。生きているうちに評価されたのはサリエリだったかもしれない。でも何かを作りたいと思うならば、地下のもっと奥まで行かなければならない。河合先生も理解されていたと思うが、(それを分かっている人は)文学の世界では少ない。僕は正気を保ちながら地下の奥深くへ下りていきたいと思っています。

(日本経済新聞 2013年5月6日付)

彼のいう「地下1階」とは、私たちの意識下にあるものです。ここでは、それを「潜在意識」と呼んでおきます。注目すべきは、ここで村上氏がその潜在意識の下にもさらなる「わけの分からない空間が広がっている」と述べていることです。

この点については後に述べるとして、村上春樹という作家は、どこまで深いかわからない無意識の世界で想像力を泳がせ、作品を編み出しているのです。

そのことを裏付けるような発言を、あるインタビューの中で彼は口にしています。

小説を書く、物語を書く、というのは煎《せん》じ詰めて言えば、「経験していないことの記憶をたどる」という作業なんです。

「経験していないことの記憶」とは、無意識にある記憶のことだと私は推測しています。村上氏は、書くという作業を通じて、明らかにみずからの内なる無意識と向き合い、対話をしているのです。

彼は外国の文学作品の翻訳家でもあり、そのことが日本人離れした感覚を養ったと考えられます。村上作品が「無国籍的」だと評されたりするのはそのせいもあると思いますが、民族の地域性を超えた、私たちの誰もが持つ無意識の領域から湧き上がってくるイメージで、物語が展開されるからとも言えるでしょう。無意識が紡ぎ出した物語は、神話や民話のように、宗教や文化の違いを超えて世界各国の人々の共感を呼ぶことができるからです。

では村上氏は、どうやって意識から無意識へと降りていっているのでしょうか。

彼は世界の主要なマラソン大会に出場するほど、走ることが大好きな人です。プリンストン大学におられたときも、毎朝一〇キロのジョギングを日課にしておられましたが、恐らくその習慣は今も続いていると思います。

彼にとって走ることは、無意識の階段を降りていく作業となっているように思います。ご本人に確かめたわけではありませんが、走っている最中に作品執筆につながる閃《ひらめ》きがあるはずです。そこに「無意識との対話」が成立している気がしてなりません（ジョギングの効能については後述します）。

無意識の記憶からは逃れられない？

とにかく彼は、無意識の持つ力についてかなり自覚的な作家であるように思います。彼の長編小説『ねじまき鳥クロニクル』の中では、主人公がこんなことを口にしています。

> 僕は逃げられないし、逃げるべきではないのだ。それが僕の得た結論だった。たとえどこに行ったところで、それは必ず僕を追いかけてくるだろう。どこまでも。
>
> （村上春樹『ねじまき鳥クロニクル 第2部 予言する鳥編』）

これは心理学者カール・G・ユングの「あなたが向き合わなかった問題は、いずれ運命として出会うことになる」という言葉と相似関係にあります。私たちはどうあがいたところで、無意識の記憶からは逃れることができない。そんなことを示唆しているかのようです。

また村上氏は、『沈黙』という作品の中で「忘れたいものは、絶対に忘れられないんです」とも書いています。これも興味深い言葉です。誰にだって忘却の彼方に押しやりたい思い出が、いくつかあるものです。

しかし、それを「忘れたい」と思っているうちは忘れられない。それはその苦々しい記憶が、長く意識の下にある潜在意識に漂った末、無意識のもとへと落ち込んでしまっているからだと思います。

ふだんは忘れていても、時々ふいに心をよぎり、胸が痛む。まさにそのような記憶からは逃げようとしても逃げ切れないわけですから、正面から向き合うしかありません。

むしろ、その記憶はそのまま受け入れて、何かに前向きに取り組んでいくうちに、昇華されていくのではないでしょうか。化学用語である昇華（sublimation）とは、「個体が液体を経ずに気化する現象」のことですが、まさにこれは無意識に落ち込んだ記憶が潜在意識を通り抜けて、意識化する過程と同じだと言えます。

ネガティブな記憶を意識上では完全に忘れることができなくても、現在の生の営みをまったく邪魔しなくなれば、昇華したことになります。その否定的記憶に、わざわざトラウマという名前をつけて胸に抱き続けている限り、ずっとトラウマであり続けるでしょう。

村上氏は、「物語を書く」という形でみずからの無意識と向き合っており、その物語の読者もまた、知らず知らずのうちに自分自身の「無意識との対話」に誘われていると言えます。そこにこそ、村上文学の限りない魅力があるに違いありません。

イチローはなぜ打席で同じ動作を繰り返すのか

村上春樹氏が文学の世界で「無意識との対話」を実現しているとすれば、それと同じことを野球の世界でやってのけているのが、イチロー氏です。アメリカの大リーグで活躍する日本人選手は今では珍しくなくなりましたが、彼のようにメジャーの第一線で二〇年近くもの息の長い活躍を続けた選手は、ほとんどいません。

イチローは四十三歳になった二〇一六年に、ＭＬＢ通算で三〇〇〇本安打、五〇〇盗塁という前人未踏の成績を残しており、プロ野球通算安打数はギネス世界記録にもなっています。いったい、彼の安定性のある活躍の秘密はどこにあったのでしょうか。

イチローは野球選手としてのプロフェッショナリズムを貫くために、日々たゆまぬ努力を積み重ねていました。どこに遠征しようが、身体感覚を維持するためのストレッチを欠かさず、食生活や睡眠時間には細心の注意を払っています。クラブハウスでも、腰を痛めないようにソファには坐らず、パイプ椅子に坐っていたそうです。

そのおかげか、彼はプロ野球選手に付き物のケガや故障に苦しむことが少なく、今世紀ではメジャーリーグで最も多くの試合に出場した選手として認められています。

米国野球殿堂入りが確実視されているイチロー氏の最大の特徴は、その稀有な集中力にあります。彼は起床から就寝まで、ほぼ同じ行動パターンを繰り返すそうですが、それは野球に対する集中力を崩さないためです。

彼がほぼ同じ行動パターンを繰り返すというのは、日々の生活習慣だけでなく、試合の毎打席にも表れています。

イチローのプリショット・ルーティーンは、野球ファンならば誰でも知っていることですが、彼は打席に入ると、まず背筋を伸ばして、少し後ろに反って重心を取ります。それから右手でバットを垂直に構え、スコアボードに眼の焦点を合わせてから、左手を右上腕部に添えます。

そのポーズから彼は、「サムライ・イチロー」と呼ばれたりしていましたが、まさに彼の野球に向き合う態度は、武士道に通じるものがあります。

打席に入るたびに彼が決まった動作をするのは、そうすることによって、精神と呼吸を整えているのだと考えられます。何も考えずに、自分に向かって投げられるボールだけに集中する環境を自分自身で整える。だからこそ、イチロー氏は偉大な成績を残してきたのです。

そもそもプロ野球の世界では、ピッチャーの手を離れたボールがキャッチャーのミットに収まるまでに一秒もないわけですから、そんな速い球を打つにはよほどの集中力が必要です。そんな世界で彼はトップを走ってきたのですから、その集中力たるや、想像を絶するものがあります。

これは私の推測ですが、スタジアムを埋め尽くす何万人という観客が騒いでも、彼にはその喧噪《けんそう》が消え、深山幽谷にいるような境地になることがあったのではないでしょうか。深く集中すると、そういうことがたびたび起きるからです。

また彼は、最大限に自分の能力が発揮できるように、バットやシューズも特定の職人が彼だけのために作ったものを、長年使い続けていました。三振などをするとバットを投げつけたりする選手がいますが、イチロー氏はそういう行為とは無縁です。四球のときも、ていねいにバットをグラウンドに置いてから一塁へ走り始めます。

そして暇があると、彼は自分のグラブをせっせと磨いていたといいます。大事な試合に勝利し、他の選手が大騒ぎしているときも、ロッカールームで黙々と自分のグラブを磨いていたそうです。自分のプレーを支えてくれている道具を大切にする気持ちだけではなく、グラブを磨くという行為が、彼にとっては一種の「瞑想」になっていたのかもしれません。

そのことについて、彼は「汚いグラブでプレイしていたら、その練習は記憶に残りません」と言い、次のようにも語っています。


手入れをしたグラブで練習をしたことは、体にかならず残ります。記憶が体に残ってゆきます。

（『夢をつかむ　イチロー262のメッセージ』）


「記憶が体に残ってゆく」という発言からは、自分とグラブと無意識とが一体になっていることが感じられます。プロ野球選手として最高のプレーをするために、彼は自分の肉体や道具を通じて、「無意識との対話」を実現していたのではないでしょうか。

私たちも日常生活の中で、文房具や調理具などさまざまな道具を使いますが、その一つ一つに愛着を持つことから「無意識との対話」を始めることができるのかもしれません。

小さな努力の積み重ねが天才をつくる

イチロー氏は打撃だけでなく、ゴールドグラブ賞を一〇回も受賞するほど守備能力にも優れていました。ふつうならホームランになる打球を、フェンスによじ登ってでも捕らえたりするプレーは、いささか神がかっていました。頭で考えてから捕球しにいくと、打球のスピードに遅れてしまいます。

とくに彼が外野から内野手に送り返す球はレーザービームと呼ばれるほど、驚異的なスピードと正確さを持っていました。四〇歳を超えてからもその強肩は衰えを見せていませんでしたから、よほどの努力を続けていたとしか思えません。

彼は次のようにも言っています。

夢をつかむことというのは、一気にできません。ちいさなことをつみかさねることで、いつの日か、信じられないような力を出せるようになっていきます。

（『夢をつかむ イチロー 262のメッセージ』）

イチロー氏が口癖のように言うのは、「ちいさなことをつみかさねる」です。つねに努力を怠らない彼は、自分が天才呼ばわりされることを嫌います。

彼はそんな積み重ねの中で挑戦し続けることを「ドキドキ、ワクワクする」とも語っていますが、この言葉から、彼が自分の職業である野球を心から楽しむコツを掴んでいることが想像できます。そのため、自分が属するチームの調子が悪くても、彼は自分のプレーを磨くことに集中しているので動揺することはなかったそうです。

たとえチームが大差で負けていても、試合が終わる最後の瞬間まで集中力を途切れさせないのは、彼が自分の中で「無意識との対話」を楽しんでいたからだと私は思います。

そういう彼でも、スランプに陥ることがあったそうです。しかし彼は、スランプすら楽しむメンタリティを持っています。壁に直面したときにこそ、彼の「無意識との対話」に拍車がかかるのです。イチロー氏は、「人に勝つという価値観では、野球をやっていない」とも語っていますが、彼は野球道を通じて、つねに自分自身に向き合っているのです。

何十億円という年俸を得ていたイチロー氏のような才能に誰もが恵まれているわけではありません。しかし、平凡な私たちにも希望はあります。それは、自分の好きなことをやり続けることです。

自分の好きなことに向き合っていると、おのずから集中力が高まります。**「新しい創造というのは知性によって為《な》されるのではなく、内なる必要から本能が為す。創造的な精神は愛することに取り組むものだ」**と語ったのは心理学者のユングですが、先に紹介した村上春樹氏もまた、好きなジョギングをし、好きなジャズを聴き、好きな海外文学作品を翻訳してきたからこそ、自分の「ヴォイス」でオリジナルな作品を生み出すことができたのではないでしょうか。

短い人生をどこまでクリエイティブに生きるか。それは自分自身の「無意識との対話」にかかっているのではないかと思います。

無意識が持っている知られざる力

普段はあまり意識されることのない、無意識の力について、少しは身近に感じていただけたでしょうか。村上春樹氏やイチロー氏と自分とを比較して、「それは天才だから成せることだ」と思った方もいるかもしれません。しかし私は、人間誰しもがそれぞれのやり方で、「無意識との対話」が可能だと思っています。

何事に取り組むにせよ、一つのことに集中すれば私たちの意識はどんどん深化していきます。たとえば、ジョギングや水泳などを淡々と続けていると、ある時点でハイになります。同じ動作を繰り返していると、心身の調子がガラリと変わるのです。人間心理はそういうメカニズムになっています。

いったんハイになれば、走っていることや泳いでいることが苦痛ではなく、とても軽快に感じられます。そんなときは、何時間でも走り続けたり、泳ぎ続けたりできるような感覚になります。

高齢者でも、毎日規則正しくウォーキングなどをしている人は、ハイの感覚がわかるはずです。そういう感覚こそがアンチエイジングの特効薬であり、いつまでも溌剌《はつらつ》とした気力体力を維持できるようになります。

ハイになっても油断せず、さらに集中していると、まるでギアが入ったように「フロー」という心理状態に移っていきます。アメリカの心理学者、ミハイ・チクセントミハイが著した『フロー体験 喜びの現象学』という本によると、フローとは、今取り組んでいる対象に心理的エネルギーが一〇〇パーセント注ぎ込まれている状態のことです。

スポーツに限らず、他の趣味でも上手下手とは関係なく、夢中になって取り組んでいると、フローを体験することができます。「好きこそ物の上手なれ」とは、よく言ったものです。こういう状態では、脳波がアルファ波になっています。

最近は「フロー経営」という考え方も生まれ、従来の管理型の経営ではなく、社員一人ひとりがほんとうにやる気になって仕事に取り組むことができる職場環境が重視されはじめています。それが実現できているのなら、その企業は発展間違いなしでしょう。

スポーツでもチームがフロー状態になると、メンバー一人ひとりの能力が最大に引き出され、試合に負ける気がしなくなってきます。監督の力量が問われるのは、そういう状態にチームを導けるかどうかです。企業経営と同じで、上から目線で選手を抑え込むような管理型の指導では、ほんとうに強いチームを育てることはできないでしょう。

フロー感覚が続いた後「ゾーン」が突然やってくる

フローには、身心の一体感という明確な手応えがあります。ひとたびそれを味わうと、「フロー感覚」の心地の良さをずっと維持したいと感じるでしょう。しかしそこで気を抜かず、ますます集中を深めていくなら、超集中状態としての「ゾーン」に移行していきます。このとき、脳波はアルファ波から、さらに周波数の遅いシータ波に変化します。

ただし、フローは意識的に一点集中することによって入れますが、ゾーンには意識的に入ることができません。「フロー感覚」がしばらく続いた後に、突然やってきます。まるで、無意識の大きな穴に落ち込むような感覚です。それがゾーンです。

二〇一六年のリオ・オリンピックのバドミントン競技で、「タカマツペア」として一躍有名になった高橋礼華・松友美佐紀選手は、その決勝戦で強豪のデンマークに劣勢から逆転勝ちを収め、見事に金メダルを獲得しました。試合後のインタビューで、松友選手は「試合の後半のことは、何も覚えていません。どんな球をどう打ち返したかもわかりません」と答えています。

これが、まさにゾーン体験です。無意識でプレーできているわけです。バドミントンの打球の最高時速は四九三キロらしく、球技の中で最速とされています。そんな打球の動きを冷静に読み取り、瞬時に反応しているのでしょうが、その判断力は無意識に由来するものでないと間に合わないはずです。

一流の野球選手も、ピッチャーが投げたボールが大きく見えたり、止まって見えたりすると言います。これもゾーン体験です。超高速で飛んでくるボールを、表層意識でどう打とうなどと考えていてはすでに手遅れであり、空振りしてしまいます。ゾーンに入っていると、アタマとカラダが一つになって、ボールに反応できるのです。それも無意識の力です。

コンサートホールでピアニストが何千人という聴衆の前で演奏していても、彼らの存在を忘れ、音に浸りきることができるのなら、それもゾーン体験です。そんなとき、指の動きも最高に滑らかになるはずですが、それは無意識で演奏しているからです。クラシックであろうがジャズであろうが、ゾーンに入った演奏は、必ず聴衆の心をわしづかみにしてしまいます。演奏家と聴衆の間に、無意識での共振共鳴が起きるからです。

職人さんでも、何時間もコツコツと何かを作っているとき、ゾーンに入ることがあるはずです。美しいものを作ろうと意識しなくても、そこに生まれてくるのは、最高の美を湛えた工芸品となります。しかも、人間の無意識が創る美は、どこの国の人が見ても感動を覚えます。一つの作品が、心理学者ユングのいう「千人の声」で語り出すのです（「千人の声」とは、一人の人間が千人分の表現力を持つことを意味します）。

このように、**無意識は想像力の源泉になり得るものであり、それはどれだけ掘っても掘り尽くせない金の鉱脈みたいなもの**だと私は考えています。

第1章

無意識は どう考えられてきたか

無意識は広大無辺の広がりをもっている

一七世紀に「近代哲学の父」デカルトが、「我思う、ゆえに我あり（Cogito ergo sum《コギト エルゴ スム》）」と宣言して以来、人間は曖昧な信仰心ではなく、理性や知性による明晰な思考力を最も尊いものと考えるようになりました。数学者でもあったデカルトだったからこそ、そういう合理的発想に至ったのでしょう。

その理性は、何世紀にもわたって宗教的迷信に覆われた中世の蒙昧《もうまい》を打ち破る最強の武器として高く評価されるようになりました。実際に理性と知性は、期待された通りに素晴らしい近代科学を生み出し、今日の文明的繁栄の礎《いしずえ》を作ってくれました。

その一方で、そうして生み出された近代科学は、地球環境と大量の生命を一気に破壊する手段ともなり、そこから派生した近代産業は資本家と労働者の間に亀裂を生み、極端な貧富の差を生み出してしまいました。

今や熾烈《しれつ》な競争社会の中で、多くの人が孤独と不安にさいなまれています。その証拠に、豊かな先進国ほど精神疾患の罹病《りびょう》率が高まる一方です。私たちは今一度、近代合理主義という光の陰に隠されていたものについて、思索を深めなくてはなりません。

そういう状況下にあって、現代社会に生きる私たちが最も必要としているのは、財政的な安定だけではなく、心の安定です。少し古風に言えば「安心立命」のことですが、それは単なる科学的思考でも、特定の宗教的信条でも入手できるものではありません。**「安心立命」の答えは、自分自身の中にあります。それが、「無意識の力」です。**

無意識は、内なる宇宙といってもよいほど広大無辺の広がりをもっています。進化し続ける天文学や宇宙工学のおかげで、人類は少しずつ地球外に広がる宇宙に関する知識を獲得しつつあります。ひと昔前なら、火星に水が存在していたことなど、誰も想像しませんでした。

しかし、自分の意識の最奥にある無意識という宇宙については、あまりにも無知のままでいます。地上四〇〇キロ上空では国際宇宙ステーションが飛び、さまざまな実験や研究がなされていますが、無意識という広大な宇宙空間は、ほとんど手つかずのままです。次代の文明を切り開くためにも、無意識の探索は不可欠な知的冒険だと私は考えています。

フロイトからユングへ

近代心理学では、ジグムント・フロイト（一八五六―一九三九）が無意識の存在を発見したことになっています。ただ、前にも述べたように、「無意識」という概念は知らなくても、古代の人々も、その存在にははっきりと気づいていたはずです。というよりも、古代に遡れば遡るほど、人間は動物のように本能的な生命力に溢れ、「無意識の力」を中心軸に据えた生き方をしていたと思われます。

さて、フロイトが創始した深層心理学では、それまで一つだと思われていた人間の心を、「意識」「前意識」「無意識」と三層構造に分けて考えたところにその特徴があります。フロイトは、自分が話したり動いたりと、何かを主体的に行う「自我意識」があって、その下に無意識が働いているという理論を体系化しています。前意識とは、今でいう潜在意識のことです。

フロイトとともに有名なのが、スイスのカール・G・ユング（一八七五―一九六一）です。二人は同時代人で、ユングはフロイトの『夢判断』を読んで感激し、当初は意気投合

フロイトとユングが説く心の構造

フロイトの考え方

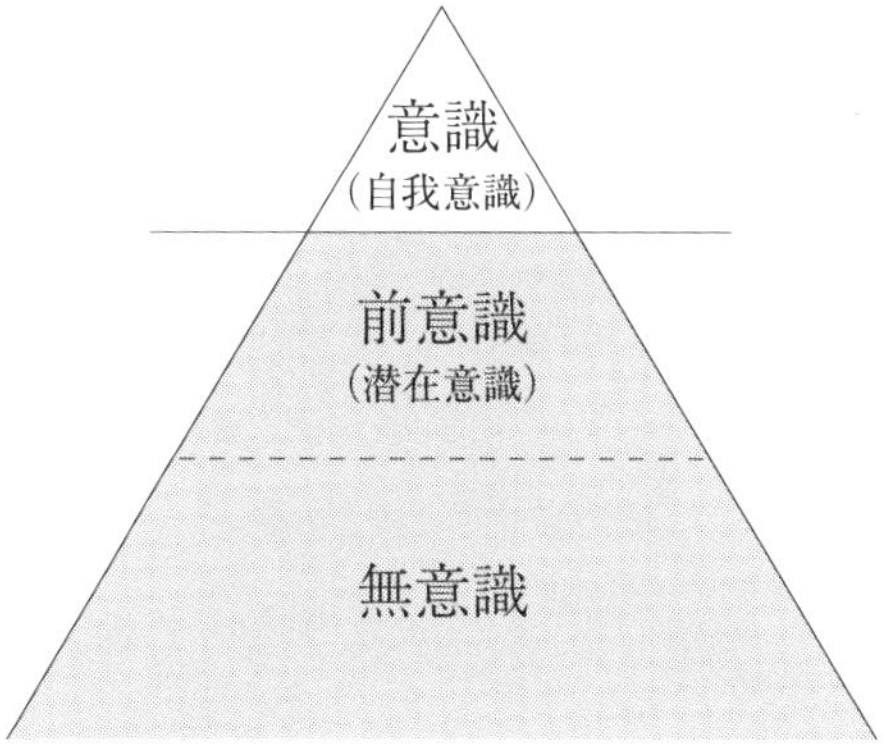

ユングの考え方

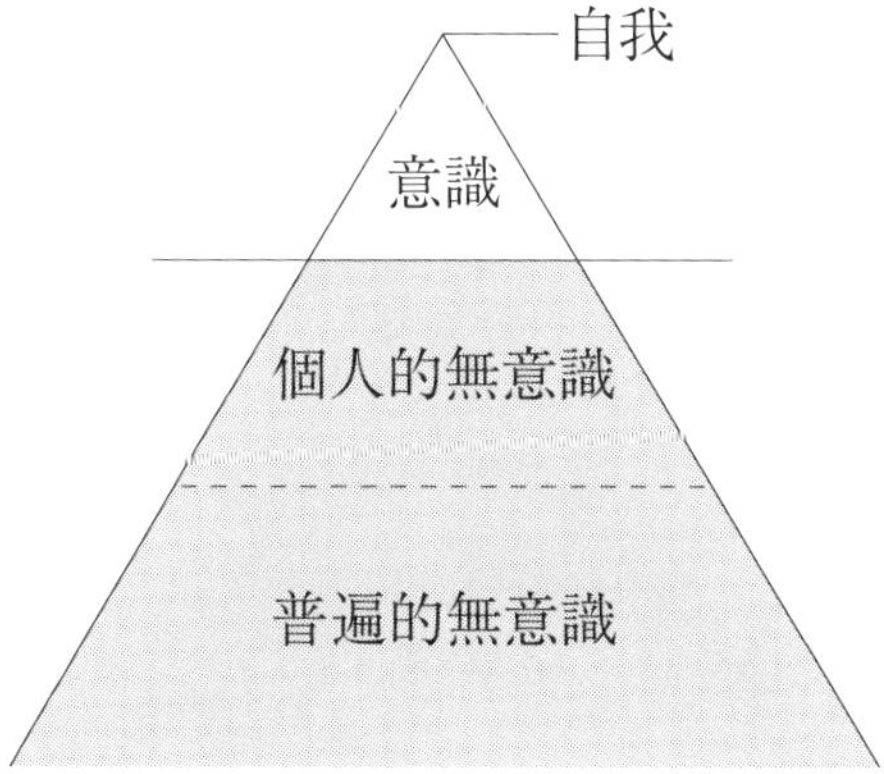

して精神分析学の成立のために協力し合ったりしていますが、両者の学説の差が次第に明らかになってきて、フロイトと袂を分かつことになりました。

そうして生まれたユング心理学は、無意識の多重構造を明らかにしようとしました。その代表が、まず意識の頂点に自我があり、その下には「個人的無意識」と「普遍的無意識」の二層構造の無意識があるという考え方です。

個人的無意識の層は、一度記憶したものの忘れてしまったこと、また自我意識が「忘れよう」と抑圧したもの、また何らかの方法で心に残った感覚的なものなどから成り立っています。そこには喜びの記憶も悲しみの記憶も、個人が体験した全事象が細大漏らさず記憶されていると言っていいかもしれません。もちろん、いわゆる前世の記憶も、ここに保存されています。

さらにその下にある普遍的無意識の層は、個人が経験したことではなく、誰もが生まれつき持っている「人類一般に普遍的な無意識」だとされます。これは時間と空間とは無関係な人類普遍のものであり、そのために私たちは国家や民族とは関係なく、多くの神話的モチーフを共有しているのだとユングは言います。

ただし、そこに至るまでにある家族に特徴的な家族的無意識や、ある文化圏に共有されている文化的無意識なども存在すると考え、ユングはそれらを総称して普遍的無意識と呼んだりしてもいます。

無意識を言葉で説明するのは難しいことですから、もしかしたらユング自身にも明快な答えは出せなかったのかもしれません。無意識の構造を明らかにしようとした彼は、心霊現象から錬金術まで、幅広い領域を研究対象としていたため、時に彼の学説は非科学的だという批判が向けられたりもしました。

とはいえ、ユングは神話学や宗教史にも造詣が深く、無意識を人間の心の本性にかかわる最も根源的なものであると理解したようです。

そしてその中で興味深いのは、「普遍的無意識には個人レベルを超えた人類の過去の記憶が残り、それが心的なエネルギーとして私たちの意識に影響を及ぼしてくる」という考え方が、次にお話しする「唯識学《ゆいしきがく》」の考え方と似ている点です。

仏教が築き上げていた深層心理学

さすが哲学の国インドで生まれた仏教では、なんと三世紀頃から人間の心理構造に関して精緻な学問体系が生まれていました。それが唯識学というもので、仏教の深層心理学と言えます。

奈良興福寺の北円堂にある無著《むぢゃく》・世親《せしん》像という仏像をご覧になったことはあるでしょうか。日本肖像彫刻の最高傑作とされており、国宝に指定されています。無著（アサンガ）と世親（ヴァスバンドゥ）の二人は兄弟で、四世紀頃の北インドで論理的な唯識学を大成した人物です。

現代では健康法として世界中で人気のあるヨガも、もとはと言えば唯識学の実践方法だったという見方もあります。体を柔らかくしたり、体重を減らしたりすることが目的ではなく、意識を整え、輪廻転生《りんねてんしょう》から魂を解放させることに最終的な目標がありました。

唯識学では通常、人間の意識が八段階に区別されています。

最初の五段階は今でいう感覚、五感のことです。視覚・聴覚・嗅覚・味覚・触覚が、前《ぜん》五識《ごしき》と呼ばれています。

第六識が意識で、これは前五識の感覚から送られてくる情報に基づいて、そのつど判断を下す自我意識のことです。

次の第七識が「マナ識（末那識）」です。これは序章で述べた潜在意識に相当するもので、「情念の意識」と私は捉えています。他者に対する嫉妬心や怒りが簡単には収まらないのは、

唯識学における心の構造

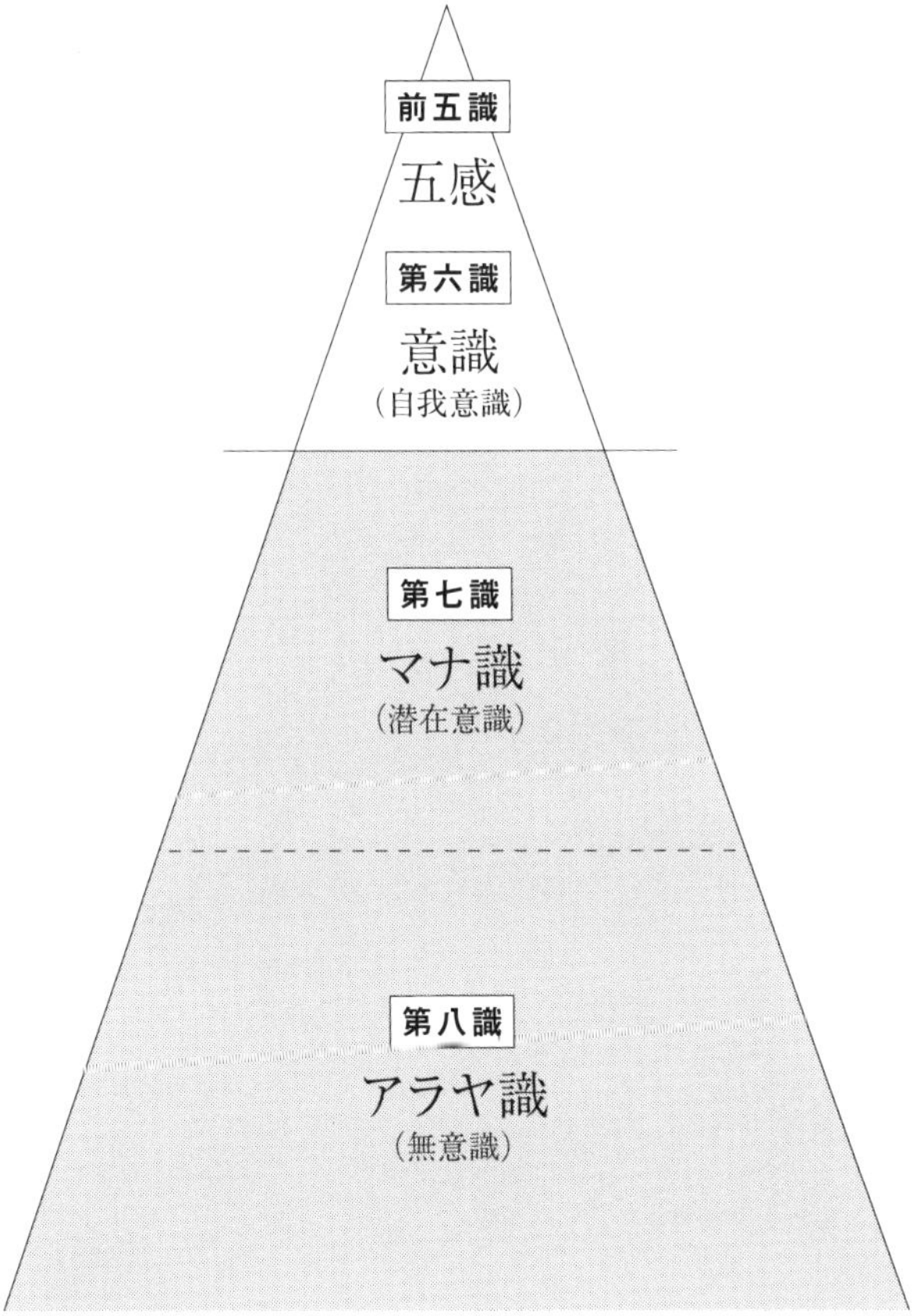

それが潜在意識に根差しているからです。この泥沼のようなマナ識があるがゆえに、人間はあらゆることに執着し、迷い苦しむのです。

そして、いよいよ第八識が登場してきます。これがいわゆる私たちの考える無意識であり、唯識学では「アラヤ識（阿頼耶識）」と呼ばれています。

阿頼耶（梵：alaya）とは、「倉庫」という意味であり、そこには無尽蔵の記憶が貯蔵されています。**今生で自分が体験したことだけではなく、過去世で体験したことも、ご先祖が体験したことも、すべての記憶がアラヤ識には保存されている**のです。ユング心理学でいえば個人的無意識と普遍的無意識の双方が、このアラヤ識に含まれていると言えます。

唯識学では、記憶である「種子《しゅうじ》」がアラヤ識に刷り込まれるプロセスを「薫習《くんじゅう》」と呼んでいます。それは、部屋に漂う香りが衣服に沁《し》み込んでいくのと似ているからです。良いことも悪いことも習慣づけていると、深層心理に刻まれて、その人の人格のコアの部分になっていく、というわけです。

「過去からの記憶の集積」が運命を作る？

仏教の言葉に「カルマ」というものがあります。カルマとは「業《ごう》」、前世での善悪の行為によって現世で受ける報いのことですが、本来は「行為」という意味です。

これは過去や現在の行為が、人間の運命を形成していくことを示しているのではないかと思います。何かあこぎなことをして、それがバレずにうまくいったと思っていても、その行為のしっぺ返しは、どこかで必ずやってきます。仏教でいう「善因善果、悪因悪果」というのは、カルマがブーメランよりも正確に自分に返ってくることを示しているのです。あくせく働いても貧乏から抜け出せないのもカルマ。大して努力もしていないのに恵まれた境遇に暮らせるのもカルマ。どんなカルマも、アラヤ識に蓄えられた記憶が原因となっています。アラヤ識の記憶は、人間の上っ面な意志とは関係なく、人生劇場のストーリーをどんどん展開していくだけの圧倒的影響力を持っている。唯識学はそう教えます。

世親は『唯識三十頌《さんじゅうじゅ》』という書物の中で、アラヤ識のことを「恒《つね》に転ずること暴流《ばる》の如し」と記しています。無意識の凄まじいエネルギーは、まるで溶岩流のようなものだということです。押し寄せる溶岩流に逆らえる人間は誰もいない。それは、すべてを容赦なく押し流し、燃やし尽くすというのです。

過去からの記憶の集積は無限大であり、無意識が無秩序に動き出すと、人間の営為を無残に破壊してしまいます。うわべだけの信仰心や教科書的な道徳心など、無意識の前ではまったく無力であり、そんなものに納得したつもりでいると、晩年において取り返しのつかない虚無感を覚えることになる。これが唯識の考え方です。

現代においては、前世や先祖など、自分以外の記憶が自分の運命を決定づけている、などというのはとうてい受け入れられないと思う方が大多数でしょう。もちろんこれは唯識学の中での話であって、そのまま現代に通ずる考え方だとは思いません。

ただし、昔から仏教では、このように人間の営為というものが捉えられており、それがすべての人間の無意識に織り込まれているという考え方は、興味深いものです。

アングリマーラの説話が教えること

仏教におけるカルマについて考えるうえで、示唆に富む説話を紹介しましょう。

仏教説話には、アングリマーラという男性の物語があります。彼にはバラモン教の有名な師匠がおり、その五百人の弟子の中でも特に優秀だったアングリマーラは、見目も麗《うるわ》しかったため、師匠の妻から誘惑を受けました。真面目な彼がその誘惑を拒んだために妻は怒り、報復のために彼に襲われたふりをしました。「可愛さ余って憎さ百倍」というわけで、現代社会でも、よくあるような話です。

妻の嘘を信じてしまった師匠がアングリマーラを懲らしめるために、百人の人間を殺せば解脱《げだつ》できると、間違った教えを授けました。アングリマーラは師の教えを忠実に実行に移し、殺した人間の数を間違えないように切り取った指を首飾りにしていました。

そしてアングリマーラが百人目にみずからの母を殺めようとしたそのときに、ブッダが現われ、彼を教え諭し、弟子にします。

その後、アングリマーラは修行に励み、解脱するに至ったのですが、故郷の街で托鉢すると、かつて残虐行為を働いた彼に恨みを抱いていた人々から石を投げつけられ、傷つきます。そのとき、ブッダは彼に「みずからの報いであるから、ひたすら耐えよ」と教え諭します。たとえ解脱した者でさえ、カルマの報いというものからは逃れられないのです。

これは作り話に過ぎないのでしょうけれども、人間が無意識の暴流に押し流され、無自覚のまま多くの罪を犯し、今その報いを受けているという唯識の思想と照らし合わせると、まさに真実を描いている説話だと私は思います。

心理学者のユングもまた「人生の濁流に身を投じているかぎり、障害がないという人間はいない」と言っています。

ユングと唯識学の考え方を併せて考えてみるならば、こう言えるのではないでしょうか。**運命の溶岩流とは、逃げれば逃げるほど、私たちを凄まじい勢いで追いかけてくる。もしも私たちが無意識の圧倒的なエネルギーを無視して、自我意識の判断力だけで生きようとしても、必ず無視した記憶が現実に蘇ってくるのではないか。**そうだとすれば、アングリマーラの若き日の愚行を軽蔑できる人間なんて、一人もいないのです。

アウグスティヌスの「記憶説」

面白いことに、唯識学の大家・世親が無意識に保存されている記憶の恐ろしさを北インドで説いていた頃、北イタリアで同じようなことを言っていた人物がいます。それが、キリスト教最大の教父とされているアウグスティヌス（三五四―四三〇）です。

敬虔《けいけん》なクリスチャンの母と異教徒の父との間に生まれた彼は、若い頃に放蕩《ほうとう》の限りを尽くし、同棲していた女性に私生児も生ませています。その後も激しい性欲に苦しんだ彼は、内から突き上げてくる衝動の原因が、過去からの記憶にあると悟りました。

もちろん、当時のヨーロッパにはアラヤ識に相当する無意識という考え方はなかったわけですが、彼は現代心理学でいう潜在意識のことを「記憶」と理解し、それを「洞窟」「倉庫」「密室」などと呼んでいます。

記憶の力に自分の人生が翻弄されていると感じていた彼は、『告白』の中で次のように書き記しています。

> 記憶の力は偉大です。神よ、それはなにかしら恐るべきもの、深く無限に多様なものです。しかもそれこそ心であり、それこそはまさに、私自身なのです。（中略）それは複雑多様であり、まことにもってはかりしれない生命です。
>
> （山田晶訳『告白Ⅱ』）

アウグスティヌスはまた、「記憶は、自己を超えて神に出会う自己超越の場である」とも語っています。彼は信仰の力によって「記憶」という洞窟を突き抜け、光を見いだそうとしていたわけです。この「光」については追って考えていきますが、ともかくも、世親やアウグスティヌスらが指摘しているのは、私たちはどうあがいてみたところで、私たちの持つ記憶からは逃れられない、ということです。

どんな信仰や道徳を金科玉条のように崇《あが》め奉っていても、それらは「無意識の力」によって、あっという間に押し流されてしまいます。無意識の記憶という種子が発芽して実を結んだ結果が、私たちが今日という日に直面している現実なのだということでしょう。

唯識学から見た無意識と運命の関わり

そのことをよく示しているのが、仏教のカルマであり、唯識の「業異熟《ごういじゅく》」という考え方です。無意識と運命とがどのように結びついていると考えられているのか、詳しく唯識学の理論を見てみたいと思います。

「なぜここまで……」と思うほど、私たちの人生は複雑です。同じ境遇に生まれ育った兄弟でも、性格も異なれば、歩む人生も大きく異なります。たとえ生年月日がまったく同じ人間でも、億万長者になる人もいれば、経済的に零落する人もいます。人間の運命は奇々怪々としていて、常識的な合理主義では、とうてい説明がつかないことだらけです。

しかし唯識学は、これについて明確な理論を構築しており、一見矛盾に満ちた人間世界のことを、かなりわかりやすく説明しています。

それが、業異熟という概念に凝縮されています。45ページでカルマという言葉について説明しましたが、業異熟とは、過去に作ったカルマが時間差をもって熟してくる、つまり日常生活に現実化してくるというものです。「先祖のおかげ」も「先祖の祟《たた》り」も、ともに業異熟というメカニズムの中で起きているというわけです。

もう少しわかりやすく言いましょう。人がこの世で経験していることは、千年前の前世で作ったカルマ、五百年前に作ったカルマ、百年前に作ったカルマなどがいくつもいくつも重なり合って成立している、ということです。しかも、個人が作ったカルマ、先祖が作ったカルマ、民族が作ったカルマ、国家が作ったカルマなど、多様なカルマが複雑に絡み合って現象を生み出しているために、人間の個性も人生模様も千差万別だというわけです。

先にも述べた通り、現代においては、前世や先祖、さらには民族や国家など、自分以外の記憶が自分の運命を決定づけているなどという思考は、表層意識の常識的判断に留まっているかぎり、とうてい受け入れられない代物かもしれません。しかし、この三世紀に生まれた唯識学は、現代において「無意識との対話」を考えるうえで、あるいは心理学における無意識の捉え方と比べてみるうえで、非常に示唆に富んでいます。

アラヤ識は、「一切種子識《いっさいしゅうじしき》」などと漢訳されているように、過去の行為を細大漏らさず記憶し、現在の現象を生み出す種子として無尽蔵に蓄えています。コンピューターで言えば、メモリに容量制限がないハードディスクみたいなものがアラヤ識です。

このアラヤ識に蓄積された無数の記憶の種子が芽を出すのに、「遅い」「早い」の時間的ギャップがあるというのが、「業異熟」という考え方です。

唯識学においては、私たちが生きている今という瞬間には、そういういくつもの複雑なカルマが重なり合っているわけですから、少し意地悪な言い方をすれば、人間の存在そのものが複合汚染みたいなものだと捉えられるかもしれません。

煩悩と悟りは切り離せない

そう考えると、人間は救いようのない、どうしようもない存在だということになってしまいます。唯識学は、私たちがそんな存在だから、人間は絶望的だと考えているのでしょうか。私はそうではないと思います。なぜなら、その闇にこそ「光」が差すからです。

心理学者のユングはまた、「**私たちが認識できる限り、人間存在の唯一の目的は単に生きることの暗闇に火をつけることである**」と言っています。「暗闇に火をつける」ということを、「闇の中で光を見いだす」という風に理解するなら、それは、泥がなければ蓮の花が咲かないのと同じ原理ではないでしょうか。

仏教には「煩悩即菩提《ぼんのうそくぼだい》」という概念があります。これは悟りを妨げる煩悩が、菩提、すなわち悟りと切り離せないという大乗仏教の考え方です。

普通に考えれば、煩悩と悟りは対立するものだと思われるでしょう。しかし、煩悩の本体も悟りの本体も「真如《しんにょ》」であり、同じ根をもつものだから、煩悩を離れたところで悟りはない、というのです。

煩悩即菩提と業異熟の考え方を併せて突きつめると、人間は愚かな存在ではあるけれども、そこにこそ救いがあるということになります。白い紙に虫眼鏡で太陽光線を集めて燃え上がらすためには、黒く塗りつぶした部分が必要です。大いなる希望、仏教風の言い方をすれば、「大光明《だいこうみょう》」を得るためにはカルマも煩悩も不可欠なのだ、ということでしょう。

カルマの話からは逸れますが、仏教だけでなく、宗教の原点は苦悩にあるというのが私の持論です。苦悩は人間の煩悩と密接に関わっています。

そして苦悩は人間の息の根をいとも簡単に止めてしまうほどに壮烈なものです。ブッダもイエスも、モーゼもムハンマドも、全身から血が噴き出すような苦悩をその生涯のなかで経験しています。そして、その深刻な苦悩を耐え抜いたところから、彼らはそれぞれに、独自の救いの道を見出しています。煩悩、苦悩のないところに救いはないのです。

煩悩が菩提に変わるとき

「業異熟」の概念を深く研究されていたのが、仏教学者の玉城康四郎《たまきこうしろう》・東京大学名誉教授（一九一五—一九九九）でした。生前、私も親交のあった玉城先生は単に学問研究をするということのみならず、みずからも日々、坐禅を組み、深い禅定《ぜんじょう》に入って、この概念の奥深いところを体験しておられました。こんな言葉を遺されています。

> ダンマ・如来とは、形なきいのちそのものであり、言葉をこえた純粋生命である。業熟体とは、限りない以前から、生まれ替わり死に替わり、死に替わり生まれ替わり、輪廻転生しつつ、そのあいだに、生きとし生けるもの、ありとあらゆ

るものと交わりながら、いま、ここに実現している私自身の本質であり、同時に宇宙共同体の結び目である。もっとも私的なるものであると同時に、もっとも公的なものである。それは私自身でありながら、その根底は、底知れぬ深淵であり、無明《むみょう》であり、無智であり、黒闇であり、あくた、もくたであり、黒々とつらなっていく盲目の生命体である。それは、私自身であると同時に、宇宙共同体である。このような業熟体にこそ、ダンマ・如来、形なきいのちそのものが、顕《あら》わになり、通徹しつづける。それは、あらゆる形を超えながら、あらゆる形を包みこむ永遠の働きである。その働きの真っ只中で、その働きに全人格体を打ち任せながら禅定を行ずる。ブッダは、そう教えてくれるのである。

（玉城康四郎『ダンマの顕現──仏道に学ぶ』）

難しいので解説が必要でしょう。ダンマというのは仏法のことで、業熟体とは、無意識の記憶がカルマとして顕現してくる肉体のことです。玉城先生は、その肉体が宇宙の「結び目」であることも喝破しています。**この肉体は、自分のものであって、自分のものではないのです。ですから、自分の肉体をおろそかにする権限など、私たちはまったく持ち合わせていないのです。**

玉城先生は「全人格的思惟《しい》」という言葉もよく使われました。これは自我意識と潜在意識を突き抜けて、無意識にまで至る深い瞑想のことです。そこまで至って初めて、黒々とした無意識にダンマが眩《まばゆ》い光として差してくるのを彼は体感していたのです。

唯識学でも同じような考え方があり、意識が変化することを転依《てんね》と呼んでいます。具体的には、身体感覚は行動力の知恵である成所作智《じょうしょさち》に、自我意識は物事を深く洞察する妙観察智《みょうかんさっち》に、潜在意識はすべての人が平等であることを自覚する平等性智《びょうどうしょうち》に、アラヤ識、すなわち無意識は曇りなき完全な知恵としての大円鏡智《だいえんきょうち》に転ずるとされています。

つまり、**どれだけ多くの煩悩を抱え込んでいても、ひとたび意識と無意識が結び合わされると、すべての意識が希望と喜びの知恵に変わる**というわけです。

仏教が昔から説いてきた「煩悩即菩提」は、私自身の経験からも、それは架空の話ではなく、誰にでもいつでも起こり得る意識の根源的変化なのだと言えます。そこにこそ、「無意識との対話」のヒントがあります。

人間は理性のみで生きられるか

少し話が先走り過ぎたかもしれません。唯識学の話はいったん置いておきましょう。

宗教体験というのは日常の理性を超えた、無意識の中に潜む生命感情にその根源を持つものです。しかし宗教体験はともかくとしても、私がこのように無意識の中に潜む力に着目するのは、理性に支配された世界が限界を迎えつつある今こそ、その力が必要とされるのではないかと思うからです。そのことは「はじめに」でもお話ししました。

近代哲学の父デカルトの「我思う、ゆえに我あり」という言葉の背後には、感情や感覚などといった身体的な要素を、理性や精神の自立を妨げるものとして極力排除しようとしたことにその基本思想があります。そこには、デカルトが生きた頃のヨーロッパがひどい寒波に見舞われて食料が不足しており、人間と自然との関係が敵対的な性格を帯びた時代だったことも関係しています。

だからこそ、自然に依存しない、人間の理性や知性を中心にした存在のあり方が哲学的に模索されたのです。しかし、そこには理性の過大評価があるように思えてなりません。私たちが日々生きていくうえで必要な、身体性の役割がまったく無視されているのです。

もちろん理性と知性のおかげで、私たちは道徳や合理的な知識を身につけることができるわけですが、**人間というのはどうしても理性だけでは割り切ることのできない曖昧な要素を必然的に抱えている**ものです。

そうした曖昧な要素を抹殺したところに、果たして全人的な人格が成立するものでしょうか。単に理知的な人間というのは、あまり面白くはありません。誰だって痩《や》せこけて書物の虫のような大学教授に会うよりも、フーテンの寅さんのような、人生の酸いも甘いも噛み分けた下町のオジサンに会って、一緒に団子でも食べたほうがよっぽど楽しいでしょうし、勉強にもなります。

理性の対極にあるのは感情、情念です。その不合理で曖昧な性格から、それらは自然科学の発展を妨げるものとして、正当な評価を受けてきませんでした。

聖書（「ヨハネによる福音書」）にも「初めにロゴスありき」と書かれているように、理性が「真理」と同等に扱われてきたのに比べて、人間の肉体に発する感情を主体とする感情、情念（パトス）は「蒙昧」というニュアンスが強いように思います。

キリスト教思想に主軸をすえる西欧文明には、この身体性への偏見がついて回ります。肉体とは肉欲を宿しているものであって、アダムとイブが禁断の実を口にして以来、人間を神の穢《けが》れなき世界から罪深き世界へと陥れた最大の要因と見なされたわけです。

しかし、先に述べたように、理性と感情は相反するものとして存在しているわけではありません。ともに等しい私たち人間の属性として、相互に補完的な存在にあるはずのものです。**理性と情念、精神と肉体との間に健全な緊張関係が存在することは、私たちがみず**

からの人間性を高めていくうえで非常に大切なことだと思います。

そして無意識は誰しもの感情、情念の奥底にあるものです。そこに注目してみよう、というのが本書のテーマなのです。

「自分の内なる動物」と良い関係をもつ

そもそも人間は「理性的動物」だと定義づけたのはアリストテレスですが、私は「理性的」という言葉をつける以前に、人間が「動物」であるという側面をもっと素直に受け止めるべきだと思います。日々私たちの行為を突き動かしているのは動物的本能であり、無意識の力であるわけです。

これは、理性ではなく本能に身を任せて奔放に生きようと提唱しているわけではありません。自分の中にある動物的な要素を解放することは、人間の尊厳を高めることにつながります。ユングはこのようなことを言っています。

もし、だれもが自分の内なる動物とより良い関係を持っていたなら、それは同時に自分の人生により高い価値を与えることになるはずである。

（ユング『移行しつつある文明』）

ユングがここで「自分の内なる動物」と言っているのは、無意識のことを指すと理解してよいでしょう。意識が生み出すものがロゴスだとするなら、「自分の内なる動物」である無意識が、あらゆる情念をふつふつと煮えたぎるようにしてはじき出すのがパトスです。ユングはこの両者を分断させるのではなく、意識が無意識と良い関係をもつことが大事だと述べているわけです。

昼と夜、光と闇、夏と冬、男と女、そのいずれの組み合わせにしても、決して敵対するものではなく、お互いに必要とし合う関係です。意識と無意識もまたそうなのです。

もし片方がもう片方を凌駕してしまうようなことがあれば、私たちの社会生活はどこかで破綻してしまうでしょう。亭主関白やカカア天下も度が過ぎると家庭崩壊につながりますが、なにごとにせよペアというのは、やはりバランスが大切なのです。

智に働けば角《かど》が立つ。情に棹《さお》させば流される。意地を通せば窮屈だ。とかくに人の世は住みにくい。

（夏目漱石『草枕』）

この有名な名文を遺したのは明治の文豪・夏目漱石ですが、誰もが多かれ少なかれ、悩みを抱きながらバランスを保って、辛抱して生きています。しかし、意識と無意識とを和解させることを学び取れれば、何事にも左右されない、より円満な人格を形成できるのではないかと私は考えています。

すべての意識が一気に変化する瞬間

しかし、文明社会に慣れきってしまっている私たちは、どうすれば意識と無意識とを和解させることができるでしょうか。そのためには、これまで無意識と呼ばれてきた、あるいは呼ばれずともそのように捉えられてきた知見を土台にして、無意識というものを今一度問い直してみる必要があります。

ユングが無意識を「個人的無意識」「普遍的無意識」の二層に分けて考えたことはすでに触れましたが、ここでは、ユング心理学や唯識学の考え方を土台としながらも、私なりの研究と経験から、無意識をある種大胆に捉え直してみたいと思います。そこで、思索のひとつの手がかりとして、唯識学の中のある考え方を紹介しておきましょう。

唯識学では、アラヤ識が大円鏡智に変化するという考え方とは別に、もう一つの学説があります。それは第八識のアラヤ識のさらに奥に、第九識であるアマラ識（阿摩羅識、skt: amala-vijñāna）が存在する、という考え方です。「アマラ」とは「無垢」を意味しますから、アマラ識とは「汚れなき意識」という意味です。

これは唯識学の考え方ではありますが、しかし私自身も長年の修行などの経験から、確かにそうしたものが「在る」ということを確信しています。

私はこの唯識で言う第九識が掘り起こされた瞬間に、オセロゲームで、黒石が一気に白石に変わるように、すべての意識が変化するのではないかと思うのです。

とはいえ、人間の無意識の最奥にそのような汚れなき意識があると言われても、ちょっとオカルトめいた話に聞こえる方もいるでしょう。そこで次章は、この無意識の最下層に潜んでいるものを追究し続けた、ある禅僧の話をしてみたいと思います。

第2章

盤珪禅師が説いた「不生の仏心」

究極の修行無用論

無意識の最奥に潜むものの存在に早くから気づき、それを熱心に説いていた禅僧がいます。それが江戸時代前期、播州で活躍した盤珪永琢《ばんけいようたく》禅師（一六二二―九三）です。盤珪さんは、一〇歳のときに医者だった父親を亡くした後、地元の儒学者から四書五経《ししょごきょう》（儒教の基本書）の一つである『大学』を学び始めます。

はじめは熱心に勉強していたのですが、その中にある「大学の道は、明徳を明らかにするにあり」という文章に遭遇した途端、それがいったい何を意味するのか、頭を抱え込んでしまいます。

儒学の先生たちにその意味を尋ねて回りますが、「わしらは文字に表された道理を説いているだけで、明徳の意味などわからぬ。そんな難しいことは禅僧に聞きなさい」と言われ、臨済宗の寺の門を叩き、一七歳で出家してしまいます。

実際には、疑問を抱いたのが一二歳のときと言われていますから、五年間ほど苦しみ抜いたのです。その間、ろくに勉学も家事も手につかず、長兄に家を追い出されてしまいました。誰にでも、こういう苦しい試練の時期があるものです。

「すでに明らかな徳を明らかにせよ」ということはどういうことか。よほどその疑問に煩悶《はんもん》したらしく、若き盤珪さんは異常に激しい修行に取り組みます。山に籠って、尖った岩の上で何日も食事も摂らずに坐禅をしました。それでも疑問が解けないために、諸国行脚して、自分の疑問に答えてくれる良き善知識を求めたのです。

その間、京都の松尾大社の拝殿で何日も昼夜不臥《ふが》で禅を組んだり、鴨川の五条橋下で乞食をしたりしながら、「明徳」の探求をしました。豊後大分の山村では、ハンセン病の人たちと暮らしながら修行をしたこともあったようです。そんな激しい坐禅を長年続けたために、ひどい痔にでもかかっていたのか、やがて臀部《でんぶ》から出血するようになり、坐るときには紙や綿をお尻の下に敷かなくてはならなくなりました。

それでも埒《らち》が明かないため、ついに彼は決死の覚悟で故郷の庵に数か月間、籠ります。扉を土で塗り固め、小さな穴から食事を差し入れてもらい、大小便は内から外に流れるような仕組みにしました。そのまま亡くなってもよいという覚悟だったのでしょう。もちろん、そんな無理な行は体を蝕《むしば》み、結核にでもかかってしまったのか、痰に血が混じるようになりました。

死線をさまよいながら盤珪さんは坐禅を続けましたが、あるとき咳が止まらなくなり、思わず口から飛び出した血痰《けったん》が壁にあたり、コロコロと転げ落ちました。しかしその瞬間、彼はついに悟ったのです。

もう死ぬ覚悟ができていたので、「ああ、どうしようもない。別に大して思い残すことはないけれど、明徳の徳を明らかにすることがわからないまま、死んでしまうのか」と思っていました。ところがその時、ふと「すべてのことは不生で整うのに、今までそのことに気づかず、ずいぶん無駄骨を折ったもんだ」と、それまでの間違いを痛感したのです。

（鈴木大拙《だいせつ》編校『盤珪禅師語録』をもとに筆者訳）

この気づきがあった朝、盤珪さんはようやく庵の外に出て、顔を洗いました。そうすると、どこからともなく馥郁《ふくいく》たる梅の香りが漂ってきました。その瞬間、「明徳」の意味がいっそう明らかになったと言います。そして、次のような歌を詠みました。

古桶《ふるおけ》の底ぬけ果てて三界に一円相の輪があらばこそ

ここで言う「古桶の底」を私なりに解釈すれば、それは意識と無意識とを隔てている壁のことです。それを撃破するために、盤珪さんは難行苦行に命を賭けたのです。そしてそれが破れたとたん、目の前の現実に「一円相の輪」が見えてきたというわけです。

そして、**「不生の仏心」は誰もが生まれつき、いや生まれる以前から持ち合わせており、わざわざ自分のように激しい修行を経て獲得するものではない**というのが、盤珪さんの一貫した思想となりました。

大乗仏教には「如来蔵思想」という概念があります。これは紀元前二世紀ごろにインドで生まれたもので、誰もが如来を胎児として宿している、つまり「誰もが如来になり得る種子を平等に持っている」という思想です。せっかく持って生まれた仏種子を大切に育て、花を咲かせるかどうか、それによって人間の値打ちが定まってきます。盤珪さんの「不生の仏心」も、如来蔵思想の仏種子と同じ考え方です。

やがて盤珪さんは、姫路に龍門寺という禅寺を開き、誰にでもわかりやすい言葉で「不生禅」を説き始めます。そんな盤珪さんのもとには、庶民だけでなく、大名たちも説法を聞きに足を運ぶようになりました。一説によれば、弟子の数は五万人を下らなかったと言いますから、よほどの影響力を持っていたのでしょう。

こんな啓蒙的な禅思想の持ち主だった盤珪さんの存在は、鈴木大拙（一八七〇―一九六六）が『盤珪禅師語録』を出版するまで、あまり知られていませんでした。なぜなら、「不生禅」は究極の修行無用論であり、禅宗のみならず、仏教全般の伝統的な考え方に反するものだったからです。いつの時代においても、異端児の言説は保守主流から無視されるのが運命のようです。

誰も余計なものは持ち合わせていない

盤珪さんの口癖は、「親の生み付けてたもつたは、不生の仏心ひとつで、余のものは生み付けはしませぬ」というものです。つまり、性格の如何《いかん》を問わず、誰もが「不生の仏心」だけを親から継承しているということです。

ただ、二一世紀に生きる私が、この考え方に全面的に賛同しているわけではありません。私たちは親からＤＮＡを通じて基本的な体質を譲り受けており、ある程度の心理的傾向や性格を譲り受けているものです。現代の常識として受け入れられないのは、まさに盤珪さんが指摘した「仏心」の継承でしょう。これをどう考えればよいのでしょうか。

盤珪さんの周囲には、たくさんのエピソードが残っています。その一つが、短気な性格で悩んでいた僧侶の話です。「自分は生まれつき短気で、その性格がどうしても直らない」と相談に来た僧侶と、盤珪さんは次のような会話を交わしています。

盤珪 お前さんは面白いものを持って生まれたなあ。それなら、今もそれがあるはずだから、ここに出してみなさい。そうすれば、わしが直してやるよ。

僧 いいえ、今は短気がありません。何かの拍子に出てくるだけです。

盤珪 じゃあ、短気は生まれつきなんかじゃないじゃないか。何かの拍子に自分が勝手に短気になっているだけだ。人は誰でも、親に生みつけてもらったのは、仏心だけであり、他のものは生みつけてもらっていないのだ。

誰でも何らかの性癖というものがあります。とかく怒りやすかったり、何をするにも弱気だったり、自分でわかっていてもなかなか直せないものです。そして、そういう短所をしばしば親や生い立ちのせいにしてしまっている面があります。

しかし盤珪さんは、そういう考え方が間違っていると指摘しているのです。親から授けてもらったのは「不生の仏心」だけであり、性癖は自分の思い込みによって固定化してしまっているに過ぎないというわけです。その思い込みさえ外すことができれば、誰でも生き仏のままでいられると説いているのです。

自分には生まれつき盗癖があると言い訳する人間には、次のように教え諭しています。

親が盗癖を生みつけていない証拠は、生まれつきの泥棒なんて、どこにもいないことだ。他人の盗癖をどこかで見て、自分も欲を出して、盗みを働くようになっただけじゃないのか。それを勝手に生まれつきなどと言い訳している。あるいは、自分は業が深いので、ついつい盗みをしてしまうなどとも言っている。自分が単に欲望に駆られて長年、泥棒をするようになった事実には触れないで、業のせいだなどと利口に言い訳をする。じつに奇妙な話では、ござらんか。

盗癖に限らず、私たちは自分に何らかの問題があれば、育った環境が悪かったとか、業が深いから止められないとか、言い訳をしてしまいがちです。アルコールや煙草などに依存してしまった人たちも、同じような言い訳をするかもしれません。

しかし盤珪さんによれば、そのような考え方自体が間違っていることになります。自分で身につけた悪い癖を止めさえすれば、誰でも「不生の仏心」を持っているのだから、その瞬間から生き仏でいられる、というわけです。

京都の宇治に平等院というお寺がありますが、私が考えるに、**この不公平極まりない社会において何が平等なのかと言えば、この「不生の仏心」を同じだけ共有しているという意味で平等**なのだと思います。その平等性においては、性別・年齢・学歴など、まったく関係ないことです。

また京都の衣笠には等持院《とうじいん》という禅寺がありますが、寿命も才能も運勢も異なる私たちが何を等しく持っているのでしょうか。それはやはり、盤珪さんの言う「不生の仏心」なのではないかと思うのです。

トラブルの原因は「身のひいき」

すべての人が生まれつき「不生の仏心」を持っているのにもかかわらず、現実には、私たちはさまざまなトラブルに巻き込まれます。その原因は、他ならぬ「身のひいき」にあることを盤珪さんは口を酸っぱくして説きます。

生まれつきの仏心のままでいることができずに、自分勝手に地獄餓鬼畜生などの心に置き換えて、迷っている。迷いは、ぜんぶ身のひいきが原因となっているだけじゃ。人の言うことにすぐに反応し、妄想を積み重ねて、仏心を修羅の心に置き換えて、本来のホトケが凡夫《ぼんぶ》に成り下がっているようなものじゃ。

「身のひいき」とは、「不生の仏心」を妨げるすべての情報・情念・記憶です。つまり、自我意識のプライド、潜在意識の情念、無意識の記憶が複合的に「身のひいき」を形成します。それさえなければ、生まれながらにして生き仏というわけです。

衰弱のあまり血痰を吐くほどの激しい求道生活の挙句に、ようやく「不生の仏心」を見つけた盤珪さんは、他者に自分のような回り道をさせたくないという思いでいっぱいだったようです。

迷わないことが悟りであり、それ以外の悟りは存在しない。不生の仏心で迷わなければ、わざわざ修行して何かを悟る必要もない。この場にも、たった一人の凡夫もおりませんのじゃ。

悟りを得るための坐禅は目的であり、かえって修行者を惑わせてしまう危険性があります。臨済宗では坐禅をしながら「公案《こうあん》」という謎めいた問題に意識を集中させるのですが、他者に自分のように回り道をさせたくなかった盤珪さんは、公案禅を採用せず、あくまで坐禅は仏に成りきるためのものと考えていました。

坐禅をするときの心得について、盤珪さんは次のようなアドバイスもしています。

想念は実体のないものだから、それに取り合わず、起きてもよし消えてもよしと考えればいいのじゃ。それは、ちょうど鏡にモノが映るようなものだ。鏡は曇りがないから、前にあるものを何でも映すけれども、鏡の中に何かがあるわけじゃない。仏心の鏡は、ふつうの鏡よりも何万倍も透明で神秘的なものだから、どんな想念が浮かび上がろうが、その光で消し去ることができるのじゃ。

私も「声の力」を利用した瞑想法である「ありがとう禅」を指導しているとき、参加者から「雑念が湧いてきて、集中できませんでした」と言われることが、時々あります。それでは、瞑想そのものを勘違いしていることになります。**雑念が邪魔なのではなく、雑念を邪魔と意識することが問題**なのです。

生きているかぎり、頭にいろんな考えが浮かぶのは、当然のことです。そんなことは気にせず、淡々と「ありがとう」という言葉を唱えれば、おのずから透明な心境に入っていくことができるのです。盤珪さんがここで言わんとしているのは、そのようなことではないかと思われます。

生まれる以前からの無意識

ところで、「不生の仏心」の「不生」という言葉の意味がよくわからないという人がいると思いますので、ここで説明しておきます。

盤珪さん自身は「それはこの世に生まれていないものであり、生まれていないがために死にもしない」と考えていました。つまり、生死の区別がなく、一貫して存在するものだということです。私はこれを無意識のことだと考えます。

そのことを具体的に示す盤珪さんの発言があります。

不生の仏心、仏心は不生であり、霊明なものだから、それだけで、すべてのことがうまくいく。その証拠に今、わしの話をみんながこちらを向いて聞いているけれど、後ろのほうでカラスの声、スズメの声がしたとすると、聞こうとしなくても、それがちゃんとカラスの声、スズメの声だと聞き分けることができる。それは不生で聞いているわけだ。それと同様に、一切のことが不生で整ってしまうのじゃ。

人の話を聞いている最中でも、私たちはカラスの声とスズメの声を無意識のうちに聞き分けることができます。その能力を持ち合わせない人はいません。だから、「不生の仏心」を親から生み付けてもらっていない人はいないというのが、盤珪さんの考え方です。

あるとき、盤珪さんの説法を聞いていた人が、「あなたの話はあまりにも単純すぎて、禅僧としてはなんだか軽すぎる」と批判しました。それに対して、彼は次のように答えています。

仏心のままでいなさいという話が軽すぎると言われるのか。お前さんが、仏心のことを尊いとも思わず、腹を立てては修羅になり、我欲を出しては餓鬼になり、不平を言っては畜生になり、自分の心をいろんなものに置き換えてしまって迷っている。そちらのほうが人間として軽すぎるのではないか。仏心のままでいることよりも大切なことは、存在しないのじゃ。

盤珪さんがもつ魅力の一つは、どんなときも自分の言葉で語り、経典に書かれている言葉や、昔の高僧が残したフレーズを引用することがなかったことです。

ほかの禅僧のように、もったいぶった話をしなかったために、盤珪さんの語り口が「軽い」と感じた人もいたのでしょうが、彼にしてみれば、「不生の仏心」に気づくこと以外に最重要課題はなかったのであり、故事や禅語を引用するような回り道は、時間の無駄以外の何でもなかったのです。

宗教をまったく新しいボキャブラリーで語るためには、自分自身の体験と教養が不可欠です。日本の仏教史上では鎌倉時代が大きな宗教変革の節目となりましたが、もし将来、再び宗教革命が起きるとしたなら、それは宗教家が自我意識で理解した教義ではなく、自分自身が「無意識との対話」を深め、そこから獲得した知恵を自分の言葉で語り始めるときだと私は考えています。

「不生の仏心」は唯識の「汚れなき意識」と通じる

さて、第1章の最後に、唯識学にはアラヤ識のさらに奥に、第九識であるアマラ識があるという考え方があって、それは無垢の意識、つまり「汚れなき意識」であると説明しました。

盤珪さんの説いた不生の仏心と、この「汚れなき意識」はほとんど共通しています。

それは万人に共有されうるものであり、普段は自我意識や潜在意識に邪魔をされて意識されることがなくても、無意識の奥底に潜んでいるものです。この事実が、深層心理学では明確に語られていません。

この誰もが生まれつき持っているとされる唯識学の「汚れなき意識」、盤珪さんの「不生の仏心」という意識の層を、私は「光の意識」と呼んでいます。

私は自身の経験から、この「光の意識」が決して架空の存在ではなく、実在すると考えています。その存在が人間の人間たる尊厳でもあるので、このことは「無意識との対話」を語るうえで避けては通れないのです。

第3章

こころの中の「五重塔」

こころを五つの層に分けてみる

ここまで「無意識との対話」を考えるうえで、私たちの心の構造について、心理学や仏教はどのように考えてきたかを述べてきました。それを受け、私なりの研究と経験に基づき、人間の意識の層がどうなっているか、ごく簡単にではありますが、大胆な仮説を提示してみたいと思います。

序章で村上春樹さんが、人間を建物に譬《たと》えてみずから無意識の層へと降りていくことを述べたインタビューを紹介しましたが、建物に譬えるならば、私は人間の心は五重塔のように五層構造になっていると考えています。

「こころの五重塔」の最上階のテナントは「自我意識」です。自我意識は心の司令塔です。いろいろな情報をキャッチして、即座に判断を下し、次の行動を決めていきます。ここでいう情報とは外部から来るものだけではなく、自分の身体に備わっている視覚、聴覚、嗅覚、味覚、触覚などの情報も含まれています。

ふつう私たちが「心」と言ったり、「自分」と言ったりしているのも、この五階フロアに相当する自我意識のことだと考えてみてください。

その下の四階部分には、「潜在意識」があります。ここは上の五階フロアよりも広く、天井も高い構造になっています。潜在意識の住人は、宮崎駿監督の映画『千と千尋の神隠し』に登場してくるような、わけのわからない形をした生き物たちばかりです。その正体は、人間が心の深いところで抱いている情念です。

はっきりと意識化されず、また言語化もされず、私たちが心の中で何となく感じていることや考えていることは、みんなこの四階の住人ではないかと思います。それらが潜在意識に留まっています。しかし、五階の司令塔で威張っている理性や知性といった連中よりも、情念は人を動かす実力を持っており、またかなり執念深いのです。

潜在意識の情念は、司令塔から下される命令などお構いなしに、しばしば人間を思わぬ方向に突き動かしてしまうように思います。

たとえば、私たちが結婚相手を選ぶとき、相手の性格、容姿、財産、家柄、学歴などをいちいち吟味しているでしょうか。そういう人もいるかもしれませんが、もしそうだとしたら、不幸な結婚に終わっていることも多いのではないかと思います。

「割れ鍋に綴《と》じ蓋」というように、潜在意識の直観に任せたほうが、よほど自分と相性の良い人を選ぶ確率が高いのです。俳優さんのように美しい顔をしていなくても、財産や学歴がなくても、人生を共に歩む伴侶として、自分にもっともふさわしい人を選んでくれるのは、潜在意識の勘だと私は考えています。

余談ですが、あれだけ苦手だった父親もしくは母親に似た人を配偶者に選んでしまうのも、潜在意識の刷り込みのせいです。人間とは、どこまでも不思議な存在です。

さて、「こころの五重塔」の広々とした三階には、「個人無意識」があります。ここには、譬えるならば大容量のパソコンが設置されていて、私たちが個人的に体験したことの全記憶、母親の産道を通ってこの世に出てきた瞬間から、息を引き取るまでの出来事がすべて保存されているような場所です。ユングが考えた個人的無意識に相当するところです。

年を取って物忘れが激しくなったり、認知症になったりしても、それは頭の中で自我意識と個人無意識の連携が悪くなっただけで、それらの記憶が消去されることはあり得ないのです。

ここで大胆な仮説を付け加えるならば、個人無意識が記憶しているのは、この世の体験だけではないのではないか、ということです。

仏教には「輪廻転生」という考え方がありますが、私たちは何度も生まれ変わり、死に変わりしていると仮定すれば、過去世の体験もここに保存されていると考えることもできます。未知の土地を訪れて、「どこかでこの風景を見たことがある」と思うデジャヴ体験は、もしかしたら個人無意識に保存されている過去世の記憶かもしれません。

「こころの五重塔」を二階まで下ってくると、そこを占拠しているのは堂々たる「普遍無意識」です。これはユングの唱えた普遍的無意識を発展させた考え方です。

ここには、三階の「個人無意識」の層に置かれていたパソコンよりも、さらに高性能のスーパーコンピューターが設置されていると言っていいでしょう。世界各国の国立図書館に所蔵されている書物をすべてデータ化しても、まだ空き容量がいっぱいあるぐらいのメモリーを有しています。

そして普遍無意識というディスクには、個人をはるか超えた先祖や民族の記憶が保存されています。私たち一人ひとりがまったく関わることのなかった太古の昔の出来事に至るまで、つぶさに記録されているのです。ここで再び村上春樹氏の「経験していないことの記憶をたどる」という言葉を思い出します。

人類が集団的に幾度となく体験したはずの飢餓や疫病、災害、戦争のような否定的記憶もまた多く保存されているがゆえに、普遍無意識は「闇の意識」と呼べるかもしれません。

さて、とうとう「こころの五重塔」の一番下まで降りてきましたが、実はいちばん大事なのはこの一階です。実物の五重塔でも一階に大きな仏像が祀《まつ》られていますが、人間の意識構造でも、第2章の終わりに触れた、一番下に人間性を離れた神性としての「光の意識」が鎮座していると私は考えています。

『創世記』には「神、光あれと言ひ給ひければ、光ありき」とあります。

その光とは、他ならぬ人間の心に宿っているのではないでしょうか。それは宗教的信仰の有無とは関係なく、すべての人が備え持っている魂であり、真心のことです。

自我意識は「情報の意識」

ここからは、改めて各段階の意識について、具体的に説明していきたいと思います。

人間の意識の中で最も表面部分であり、水のように刻々と変化して流れている自我意識

こころの五重塔

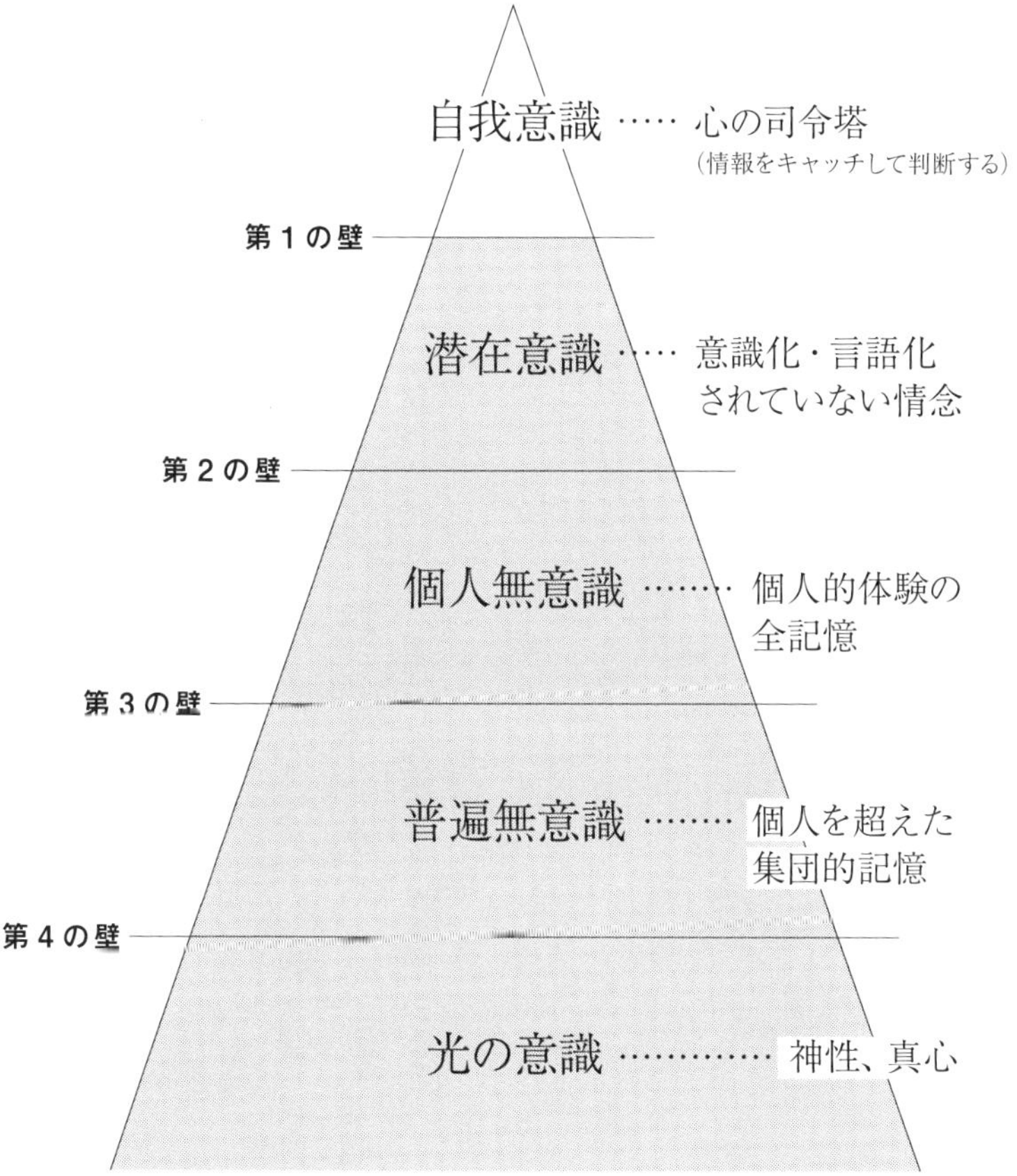
自我意識 …… 心の司令塔
（情報をキャッチして判断する）
第１の壁
潜在意識 …… 意識化・言語化されていない情念
第２の壁
個人無意識 ……… 個人的体験の全記憶
第３の壁
普遍無意識 ……… 個人を超えた集団的記憶
第４の壁
光の意識 ……………… 神性、真心

は、五感で感じたことや外部から入ってきた情報に基づいて、二六時中、判断を下しています。つまり、自我意識の最も大切な機能は思考力ですが、いわゆる理性や知性というのも、自我意識の産物です。

自我意識、つまり「情報の意識」は浅瀬を流れる水のようなものですから、それが澄んでいる人もいれば、濁っている人もいます。どこでその差が出るのかと言えば、自我意識の下にある潜在意識の状況次第だと思われます。**自我意識が澄んでいれば、透明な眼で世界を見ることができますが、それが濁っていれば、屈折した眼で世界を眺めることになる**というわけです。

わかりやすく言い換えてみるならば、カネ、モノ、権力などの可視的価値観ばかりを追い駆けるのは、自我意識に自分を占拠されているようなものです。いわゆるエゴの強い人というのも、自我意識がかなり濁っている人ではないでしょうか。

自我に囚われているために、プライドが高いだけでなく、強い自己顕示欲のために協調性を欠き、周囲からも鼻つまみ者として忌み嫌われます。きっとあなたの周囲にも、そんな人がいるのではないでしょうか。

しかし自我意識は、宇宙大の心の中では、薄い膜のような存在であり、文字通り氷山の一角です。ですから、そんな安定性を欠いた自我意識を軸にして生きている人は、周囲の状況に影響を受けやすいので、たとえ世間的に成功していたとしても、内心、大きな不安を抱えているはずです。

潜在意識は「情念の意識」

次に潜在意識です。従来の心理学は、潜在意識の役割を明確に捉えていなかったように思います。

潜在意識においては、現実の体験から来る情報と無意識から湧き上がる記憶が交差し、明確に言語化されない漠然とした情念が渦巻いています。いわば感情や想念の「底なし沼」のようなものであり、いったいそこに何が潜んでいるのかわからない不気味さがあります。自我意識が「情報の意識」だとすれば、潜在意識は「情念の意識」と呼ぶのがふさわしいでしょう。

よく「女性は感情の動物だ」などと言いますが、女性は潜在意識の層が、男性より分厚いのかもしれません。恋人同士、あるいは夫婦の間でも、しばしば意思疎通に困難が生じるのも、競争社会でみずから理論武装し、自我意識の合理的思考に依存しがちな男性と、潜在意識から湧き出てくる感性で生きようとしている女性では、ラジオのAM放送とFM放送のようにコミュニケーションのモードが根本的に異なっているためではないでしょうか。

「女の第六感」と言われるように、女性は直観力に優れていると言われます。直観力とは、意識化される以前の情念をつかむ能力と言っていいかもしれません。世界各地の民俗信仰の中で活躍しているシャーマンも、多くが女性です。伊勢神宮でも古来、男性の宮司よりも、女性の斎宮のほうが神に近い人として重要な地位を与えられてきました。

もちろん、このことはジェンダーとは関係なく、心理的には男女が逆転している場合も、多々あります。いわゆる草食系男子や肉食系女子が登場してきたということは、現代日本人の心理構造が大きく変わってきたことを示しているのかもしれません。

映画『男はつらいよ』の寅さんは、世間的常識を引っ掻き回すトリックスター的な存在ですが、「頭のほうじゃわかっているんだけどね、気持ちのほうが、そうついてきちゃくれないんだよ」という決まり文句は、彼が自我意識ではなく、「情念の意識」を中心にした浪花節的な生き方をしていることを示しています。世知辛《せちがら》い常識に疲れた現代人は、そこに大いに魅かれたわけです。

あくまで一般論ですが、欧米人と比べれば、日本人は自我意識よりも潜在意識を中心にした思考回路を使っているように私には見受けられます。日本人の言語不明瞭については定評がありますが、それはまだ意識化されていない情念の世界に生きているからではないでしょうか。

大半の日本人が学校で何年も英語を学習するのに、単純な英会話すらできないのは、一つには英語教育のあり方に問題があるのかもしれませんが、日本人の思考構造と英語の言語構造が合わないという理由もあるはずではないかと思います。

たとえば、欧米社会では夫婦の間で「アイラブユー」と言うのが当たり前であることを知っていても、たいていの日本人は配偶者に対してそれが言えません。それは相手を対象化し、それに向けて深い情念を言語化する思考回路を持ち合わせないからだと思います。

百人一首に「しのぶれど色にいでにけりわが恋はものや思ふと人の問ふまで」と詠まれているように、思っていることを容易に口にできないのは、日本人のＤＮＡのように思えてなりません。

情念には二種類ある

話を元に戻しましょう。潜在意識は、自我意識と無意識の橋渡しとして重要な役割を果たしています。ですから、潜在意識というパイプが詰まっていれば、無意識から湧き上がってくる極めて貴重なアイデアやイメージを自我意識に運ぶことができません。

そして機嫌がいいのも悪いのも、潜在意識の状態に原因があります。夢の中や、何となくぼんやりしているときに、過去のことがふと思い出されたりするのは、自我意識と潜在意識の境界線が希薄になり、意識下の情念が表面に浮き上がってくるからです。

ただこの情念には、肯定的なものと否定的なものの二種類があります。恵まれた境遇に育ち、幸せな思い出が多い人は、それだけ多くの肯定的情念が潜在意識に含まれています。幼稚園児や小学校低学年の児童をみればよくわかりますが、ふつう子供たちは大人よりも、屈託なく大きな声で笑います。それは親の愛情をふんだんに受け、潜在意識に肯定的情念が満ちているからです。

そう考えてみると、大人になっても明るくて素直な人、揺るぎない自信を手に入れている人というのは、潜在意識により多くの肯定的情念が温存されている人ではないかと思います。反対に、否定的情念が優勢を占めてしまうと、暗くてひがみっぽい性格になったりするのではないでしょうか。

もちろん、自分の性格を意識的に変えることは困難を極めますが、解決策がないわけではありませんので、何も悲観することはありません。それは本書の後半で考えてみたいと思います。

否定的情念が放置されるとヘドロ化する

人間は傷つきやすい動物です。現実生活の中でとても嫌な目に遭うと、その体験がトラウマとなって、長期間にわたり人を苦しめます。「底なし沼」のような潜在意識を深く探っていくと、ヘドロのような悪臭を放つ否定的情念が堆積しているはずです。

この矛盾だらけの現実世界に生きて、これがまったくないという人は、まず存在しないのではないでしょうか。深刻なトラウマは、それを抱え込んだ人の実人生の中でさまざまな悲劇を引き起こし、時には人を自死に追いやったりもします。

最近はＰＴＳＤ（心的外傷後ストレス障害）といった言葉が使われたりしますが、それも潜在意識に蓄えられた否定的情念のことだと私は解釈しています。否定的情念が極端に多ければ被害妄想や猜疑《さいぎ》心が強くなり、情緒不安定になりがちです。突然、暴力をふるったりする人がその典型です。路上で見ず知らずの人たちを殺める連続通り魔殺人事件などを耳にするにつけ、現代人の潜在意識がどれほど濁っているのか、まざまざと思い知らされます。

健康志向の強い日本人は、食べ物に発がん物質が含まれていないか、あるいは蛇口から出てくる水が汚染されていないかなどと、けっこう用心深いところがあります。それなのに、自分の潜在意識が汚れていることについては、極めて無頓着ではないかと思うのです。

人間の喜怒哀楽は、自我意識の上に起きるさざ波のようなものです。時間とともに、そのさざ波は収まります。しかし、あまりに激しい喜怒哀楽は情念となり、潜在意識に沈殿していくのではないかと思われます。とくに長年にわたって人を恨んだり、貶《けな》したりしていると、みずから墓穴を掘ることになるでしょう。否定的情念が長く放置され、ヘドロ化すると、幸福感とはほど遠い苦しい生活が繰り広げられます。

「情念」は、ギリシア語ではパトスと言いますが、それが英語ではパッションになります。

パッションは通常「情熱」を意味しますが、神学用語としてはキリストの「受難」や「受苦」を意味します。潜在意識という「情念の意識」があるがゆえに、私たちもまた、人間世界の十字架に張りつけられて、悩み苦しむのかもしれません。

潜在意識は感染する

ちなみに、潜在意識の特徴は他者に感染しやすいことです。私はそれを「空気論」と呼んでいるのですが、家庭・職場・地域社会には特有の「空気」が流れています。その「空気」を形成するのは、共同体の構成員の潜在意識ではないかと思うのです。

どのような「空気」を吸って生きるかによって、人間の精神は大きく変わってきます。昔から、子供は親の背中を見て育つと言われてきたのは、そのためです。子供は繊細かつ多感ですから、意識化される以前の親の潜在意識の情念をキャッチしています。口先でどれだけ立派なことを言っても、子供が心の眼で見ているのは親の生き様です。

職場でも社員が自社を愛し、働き甲斐を感じているなら、良い「空気」が流れているので、上司がいちいち檄《げき》を飛ばさなくても、誰もが一生懸命働くことでしょう。利潤至上主義で、人間的な心の通い合いがない企業が、やがて倒産の憂き目を見るのは、景気の動向よりも、社内の「空気」の濁りが原因しているのではないでしょうか。パワハラやいじめが横行するような職場で利益を多く上げられるはずもありません。

したがって、リーダーの最大責任は資金調達でも契約獲得でもなく、組織に良い「空気」を醸し出すことにあると言っても過言ではありません。

個人や組織だけではありません。国家にも特有の「空気」が流れています。

戦前の日本ならば、軍国主義という「空気」が国民の思考力を鈍らせていました。現代の日本にはどんな「空気」が流れているのでしょうか。景気の動向は政治経済的な要素で決まると思われていますが、いちばん大きな要素は国民の潜在意識にあるのではないかとさえ思います。

つまり、景気を良くするためには、国民が未来に向けて明るい展望を持つ必要がある。言い換えれば、人々の潜在意識という「空気」が、国家経済をも動かしているということです。そう考えると、政府や日銀はいろんな金融対策を講じていますが、いちばん大切なことは未来に向けたビジョン、国家百年の大計を明らかにし、国民のコンセンサスを得ることではないかと思います。

楽しいことに夢中になる幸せ

ところで、「意識と無意識の橋渡し」という重要な役割をする潜在意識は、なるべく綺麗にお掃除しておかなくてはなりません。自分が暮らしている家の中でも、少し手を抜くだけで、埃《ほこり》がたまり、モノが散らかってしまいます。それと同じことが潜在意識についても言えるように思います。潜在意識が汚れたままだと、自分が苦しむのみならず、周囲の人たちも不幸の渦に巻き込む可能性が高いはずです。

では、潜在意識に蓄積した否定的情念をクリーニングすることはできるのでしょうか。その最善の方法は、意外に簡単です。ともかく「楽しいことに夢中になること」です。

論語にも「これを知る者はこれを好む者に如《し》かず」という言葉がありますが、好きなことをやっていると時間が過ぎるのも忘れてしまいます。それは自我意識の時間感覚から外れたところで、意識を集中させているからです。

とくに畑を耕したり、日曜大工をしたりするような身体的運動を伴った作業は集中しやすく、誰にでもできるので、おすすめです。女性はエアロビクスやヨガが向いているかもしれません。思い切り大きな声で歌を歌ったり、親友と飲んで騒いだり、いわゆる憂《う》さ晴らしというものも、それが極端に羽目を外したものでない限り、否定的情念を消してくれるでしょう。

ただ、同じ趣味を楽しむにしても、これが潜在意識のクリーニングに役立っているのだと意識すれば、集中力が増し、その効果はさらに大きくなるはずです。縫い物をするにせよ、盆栽いじりをするにせよ、そこに没頭し、それが自分の心の洗濯になっていると感じることができれば、同じ時間をもっと楽しく過ごせるのではないかと思います。

第4章

潜在意識の奥にあるもの

個人無意識は運命の意識？

次に、潜在意識のさらに下部にある「個人無意識」と「普遍無意識」についての考えをお話ししたいと思います。

潜在意識の分厚い層の下にあるのが、個人無意識です。先に述べた通り、ユング心理学では、個人的無意識の中には個人が体験した全事象、喜びの記憶も悲しみの記憶も、細大漏らさず保存されていると考えます。

そこからさらに発展させて考えてみるならば、私は個人無意識とは「運命の意識」と呼べるではないかと思います。

個人無意識とは個人の全記憶です。そして記憶は、人間が行動するうえで絶大な影響力を持ちます。少し極端な言い方にはなりますが、**記憶には良くも悪しくも人間の運命を決定づけるところがある**というわけです。

だから私は、個人無意識を「運命の意識」と考えるのです。人間が運命を変えるのは不可能ではありませんが、運命が理知の光の届かない、個人無意識に蓄積される膨大な記憶に根ざすものだと考えるなら、それは決して容易なことではありません。

ふだんは社会的秩序であるコスモスの中で、一定の価値観を維持しながら勤勉に振る舞っている人も、一切の秩序が無効となるアンチコスモス的世界への憧憬と、そこに飛び込んでしまいたいという衝動を強く持っているものです。

破滅的な男女関係に陥ったり、不用意な多額投資を行って資産を失ったり、人生の落とし穴は、あちこちにあります。そこに落ちこめば、その人が営々と構築してきたものが一気に崩壊してしまいます。そうした衝動は、個人無意識から生じるものであり、決してこの個人無意識の力を侮《あなど》ってはならないように思うのです。

悲劇の原因はどこにあるか

私が個人無意識を「運命の意識」と呼ぶことについて、詳しく述べておきます。

つらいことですが、人生は誤解と裏切りに満ち満ちています。どれだけ誠実に生きているつもりでいても、時にまったく予期しない人から誹謗《ひぼう》中傷を受けたりします。これは現代社会だけでなく、人間が社会を形成したときから、繰り返し起きてきた事実です。

紀元前一世紀、ローマ帝国の最高権力者だったカエサルは、自分の腹心の一人だった元老院議員に議場で暗殺されました。そのとき、彼が「ブルータス、お前もか」と呟いたことは、シェイクスピアの戯曲『ジュリアス・シーザー』にも描かれて、世界中の人口に膾《かい》炙《しゃ》しています。最も信頼する友人でもあったブルータスに刺されたわけですから、カエサルは無念の思いでいっぱいだったでしょう。

イエス・キリストも、十二弟子の一人であるユダに密告されたのが原因で、十字架に張り付けられます。最後の晩餐《ばんさん》のときに、イエスはそのことを暗に予言します。自分の愛する弟子に裏切られたわけですから、神の子イエスならずとも、誰でもこういう場面に遭遇すれば、死ぬほどつらいはずです。

実際にイエスは最後の晩餐の後、ゲツセマネの園で、弟子たちに「私は死にそうなほど悲しい。あなたたちはここで起きていなさい」と言って祈り始めています。

時代は飛びますが、あの広大なインドを当時、世界一の強国だった大英帝国から独立させたマハトマ・ガンジーも、みずからも信奉していたヒンドゥー教の信者によって暗殺されます。非暴力主義によってあれだけの歴史的偉業を成し遂げた人物が、旧宗主国のイギリス人ではなく、一人のインド人の暴力によって命絶えてしまったのは皮肉なことです。

第4章
潜在意識の奥にあるもの

日本史の中での裏切り事件と言えば、織田信長が本能寺で忠臣であったはずの明智光秀の奇襲を受けて、あっけなく殺されてしまった事例が最も有名です。ほとんど無防備で本能寺に滞在していた信長は、まさか部下の一人に攻められるとは思っていなかったことでしょう。現代においても、この想定外の悲劇は信長嫌いの人たちの心にも深く刻まれています。

誤解と裏切りは、このような歴史的な大人物だけではなく、誰の身にも起きることです。私自身も、人生を振り返れば、思い出すのもつらいような経験がいくつかあります。そのすべてが親しい人たちからの仕打ちでした。

しかし、誤解を恐れずに言えば、ここで大切だと私が考えるのは、すべての悲劇の原因は自分にあるということです。

もう少し正確に言えば、個人無意識の記憶が現実に映し出されているのであり、何が起きようとも、それは「自業自得」ということになります。カエサルもイエスもガンジーも信長も、自分で自分の悲劇を招いてしまったということです。

ただし悲劇的結末を迎えたからといって、必ずしも本人たちが自分の生きてきた道を後悔しているとは限りません。英雄と呼ばれるような人たちは、自分の小さな意思を超えた歴史的な使命、いわゆる天命を帯びて、その時代に登場してきているからです。どういう死に方をしたとしても、一個の人間として完全燃焼したという充足感はあったはずです。

真犯人は個人無意識の記憶

現代に生きる人にとって、「すべての結果は自業自得だ」と言われて「そうですか」とすぐに納得できる人は少ないと思います。しかし単刀直入に言えば、誤解と裏切りの真犯人は、個人無意識の記憶に他なりません。自分の中にある自覚されない記憶が現実化してしまうのです。それが「運命の意識」の恐ろしさではないでしょうか。

ユングの「あなたが向き合わなかった問題は、いずれ運命として出会うことになる」という、あの含蓄のある名言も、個人無意識の記憶の凄まじさを物語っているように思えてなりません。

カエサルをはじめ、歴史的な英雄が悲劇的結末を迎えたことには、別の見方も可能です。彼らが稀代の才能と好運を発揮して、歴史に刻まれる偉業を成し遂げたのも、無意識の力、とくにそれが包含する肯定的記憶の力によるものではないか、ということです。

自動車でもエンジンの大小によって、馬力が異なるように、人間にも無意識のエネルギーの強い人と弱い人がいると仮定してみましょう。もちろん車で言えばダンプカーもあれば軽自動車もあり、それぞれの役割があるだけで、そこに優劣はありません。

ただ、歴史に残る英雄たちの個人無意識のエネルギーはおそらく、ふつうの人間よりも何倍も強いのではないかと考えられます。

それがプラスに動いているときは、余人が真似することのできない英雄的行為の原動力になりますが、同じエネルギーがマイナスの方向に動いてしまうと、世界史に残るほどの悲劇を生んでしまうのではないかとも考えられます。

では、誤解と裏切りという悲劇を避けるためにはどうすればよいのか。悲劇の原因がその人の個人無意識の否定的記憶にあるのだとすれば、それを消去するしか方法はありません。しかし無意識とは、意識できない深層意識のことですから、そこに隠されている否定的記憶をすべて思い出して、消し去ることなど誰にもできないことです。

ですからまず、この無意識が有している圧倒的なエネルギーをはっきりと自覚する必要があるのではないかと私は思います。

無意識のかじ取りを行う

誤解と裏切りといったドラマチックな出来事に限らず、私たちが今、目の前に見ている日常風景も、個人無意識の記憶が紡ぎ出しているのではないのでしょうか。誰とどんな家に暮らし、どのような職業に就いているか。親族も含めてどのような人間関係を持ち、何を大切にしているのか。それは意識的にそういう道を進んできたということもあるかもしれません。一方で、偶然の産物だと思うようなこともいくらでもあります。

しかし、すべて偶然のようで、偶然なものは一つもありません。私たち自身が、無意識の記憶に基づいて、その一つひとつを選択しているのだと思います。

ほんとうにこの世は不公平です。家族や友人ととても仲良く、機会あるごとに彼らと集い合い、楽しい時間を過ごしている人もいます。その一方で、親兄弟とも憎しみ合ったり、声をかける人もなく、いつも独りぼっちで寂しい時間を過ごしたりしている人もいます。

経済力や健康状態など、どれ一つを取っても、人間世界では公平に分配されていません。まともに考えれば、人間世界のこの厳しい状況に絶望せざるを得ません。

しかし、個人無意識を運命の意識と捉えるとするならば、自分では自覚できていないにしても、個人無意識の中にある記憶が現実に投影されているのだとも考えられます。もう少しわかりやすく言うならば、**無意識という「DVD」の中に保存されている映像が、意識というプロジェクターを通じて、現実に投影されている**のです。

レンタルビデオショップに行くと、何万というDVDが置かれています。その膨大なコレクションの中から、血なまぐさい暴力的映画を借りてくることも、涙なしには見ることのできない感動的映画を借りてくることもできます。そこからどんな映画を選ぶか、その選択権は自分自身に与えられています。

自我意識は不安定で表層的なものだと前にお話ししましたが、意識には重大な任務が与えられています。それは、無意識のかじ取りです。

たとえば、エンジンは推進力として、車を動かしますが、さてその車でどこに向かうかは、ハンドル次第です。「無意識の力」がエンジンであるとすれば、意識はハンドルにあたります。そして、そのハンドルを握っているのは、自分という主体性です。

事故にも巻き込まれず、景色の良いところを気持ちよくドライブできるかどうかは、ハンドルを握っている自分次第です。その判断を間違わないように、意識をクリアな状態に保っておくことは、何事にも増して重要だと思います。

俗に「あの人は高い意識を持っている」などと言いますが、意識が高いと、個人無意識の中から質の良い記憶を選び出し、それを現実に投影します。そこに、おのずから高潔な人生が出現してくるのです。逆に意識が低いと質の悪い記憶を選び出し、他者に対して恨みつらみばかりを抱きながら、悲惨な人生を歩んでしまうかもしれません。

世々代々、先祖から生の営みを引き継いできた人間であるかぎり、私たちの無意識には肯定的記憶と否定的記憶の両方が蓄えられていると私は考えています。その意味では、無意識こそが公平です。

しかし、そこからどんな記憶を引き出し、現実に投影させるかにおいて、大きな個人差が生じます。少しでも幸福に近づき、満ち足りた気持ちでこの世を終えるためには、やはり意識を高める努力が不可欠と思われます。

意識を高める努力とは

では、意識を高めるとは、どういうことなのでしょうか。まず教養を積み、正しい知識や情報を得ることも、意識を高めることにつながります。ただし、学歴がなくても、教養のある人はいくらでもいますし、学歴があっても教養のない人もいます。

無意識の記憶が作るカルマの重さを知り尽くしていたブッダが、正見《しょうけん》・正思惟《しょうしゆい》・正語《しょうご》・正業《しょうごう》・正命《しょうみょう》・正精進《しょうしょうじん》・正念《しょうねん》、および正定《しょうじょう》の八正道《はっしょうどう》を奨めたのも、意識を高めるためだったと思われます。

ただし、そんな道徳的な生き方ができないところが、私たち凡夫の悲しさです。

四柱推命《しちゅうすいめい》や占星術など、古来さまざまな占術が存在しており、それらの達人に見てもらえば人の運命や運勢はある程度、予測がつくのかもしれません。しかし、ブッダは占いを厳しく禁じたとされています。原始仏典である『スッタニパータ』には、次のような言葉が記されています。

吉凶占い、天変地異占い、夢占い、（ものに表われた吉凶の）相の占いを除去し、彼は吉凶占いの誤りを捨てたのである。かの行乞者《ぎょうこつしゃ》は正しくこの世に遍歴するであろう。

（宮坂宥勝訳）

これは、正しい修行によって意識を高めれば、運命や運勢は必ず超克できるというブッダの高らかな宣言ではないでしょうか。

占いは、個人無意識の記憶がどのように現世に投影されてくるかを経験則から予測しているわけです。そこにはある程度の科学性が存在するのかもしれませんが、もし意識を高めることによって、記憶の選択ができるのなら、占いは無効となります。そのことをブッダは教えたかったのではないでしょうか。

先に、結婚相手すら潜在意識の直観力で選んでいると申しましたが、さらに鋭い直観力は個人無意識から湧き上がってくると思われます。

たとえば、就職の際、社会的知名度が高く、安定性がある大企業だからという理由で決めるなら、それは自我意識における常識的判断です。給料が良くても定年退職まで灰色の人生を送ってしまう可能性があります。もし個人無意識の肯定的記憶から湧き上がってくる直観力を使えば、たとえ零細企業であっても、自分の性格と能力にとって最適の職種を選ぶはずです。

四面楚歌、ことごとく周囲の人たちが反対しても、自分はこちらの方向に行くと覚悟を決めることができるのは、その直観が個人無意識に根差しているからではないかと思います。**自我意識の決意は揺らぎやすく、潜在意識の勘はつねに不安定ですが、個人無意識の**

決断は不動のものです。事業に成功している人には、こういうタイプの人が多いと思われます。「無意識との対話」とは、決して理念上の話ではなく、現実に確かな恩恵をもたらしてくれるのです。

普遍無意識は「闇の意識」

さて、そんな個人無意識の下部には普遍無意識があります。これは、個人の体験を越えた先祖・民族・人類など集団として共有する記憶を保存している無意識の層です。

この普遍無意識の恐ろしいところは、個人の意思とは関係なく、民族・国家・人類の運命をあらぬ方向に導いてしまうことです。

ドイツの哲学者ショーペンハウエル（一七八八―一八六〇）は、世界の本質は盲目的意志にあるとしましたが、その盲目的意志とは普遍無意識のことではないかと思われます。

フランスの哲学者バタイユ（一八九七―一九六二）もまた、無意識のことを「人間のばかばかしくて恐ろしげな闇」と表現しましたが、まさにその通りであり、普遍無意識は真っ黒なコールタールのような「闇の意識」と言っていいでしょう。

どれだけ戦争が悲惨な結果を生み出すか、人類は嫌というほど学んできたはずなのに、繰り返し世界各地で戦争が勃発するのは、この普遍無意識に滞留する否定的記憶が、他民族に対する憎悪の感情を惹起《じゃっき》するためです。

いずれの国も、その誕生から現在までの歴史をつぶさに探っていけば、光と影が交叉《こうさ》していています。大帝国として自国は大いに繁栄し、そのときの文明の最先端をいっていても、その陰で弱者である植民地の住民から酷い搾取を続けていたというような例は、枚挙に暇《いとま》がありません。

しかし、「目には目を、歯には歯を」といった報復主義では、憎悪の連鎖は続くばかりで、世界平和は永遠に訪れることがありません。

では、どうすればいいのでしょうか。私は国家や民族が共有する普遍無意識の中から、肯定的記憶を選び出し、それを現実に投影させて、未来に向かって前進することが人類の進化につながると考えています。個人であれ国家であれ、真摯な懺悔《ざんげ》がなければ、未来への創造的前進はあり得ないのです。

絶望の向こうに

さてここまで、私の考える無意識の五層構造の四層までを個々に見てきました。次は、私が人間の意識の最下層にあると考える「光の意識」について、もう少し具体的にお話ししていきましょう。

盤珪禅師が「人間には生まれつき不生の仏心がある」と言ったように、また先にお話しした大乗仏教の如来蔵思想のように、私の言う「光の意識」とは神仏のように、それを信じる人だけに存在する恣意的なものではありません。

そうではなく、**「光の意識」は人種・年齢・性別に関係なく、万人に共有されているもの**だと考えています。これは何も私がオリジナルに考えついたものではありません。古来、人々はこの意識の層に魂、真心、仏性、聖霊など、さまざまな名前をつけてきたのです。

どれだけ深いトラウマも、決して「光の意識」に到達することはなく、それを傷つけることはあり得ません。

傷つくのは潜在意識までであり、その否定的記憶が永続的に蓄積されるのは個人無意識です。唯識学の一説（第九識）のように、どんなことがあろうと「光の意識」は無傷で、無垢のまま、光を放っています。

人間は生きているかぎり、さまざまな間違いを犯します。神ならぬ愚かな人間のことですから、それは致し方のないことです。たいていの間違いは、深く反省さえすれば、許されることです。いつまでも自分の犯した間違いに、クヨクヨすることはよくありません。しかし、許されない間違いが一つあります。それは自分を冒瀆《ぼうとく》することです。多くの人は、「自分は煩悩ばかりで、少しも悟っていない。いつも迷ってばかりいる凡夫に過ぎない」という間違った思い込みを抱えています。

もっと悲観的な人は、「自分は頭も性格も悪いので、何をやってもうまくいかない。ほんとうにつまらない人間だ」とか、「生きている値打ちもない自分なんか、早く死んでしまったほうがいい」とか、ひどい自己卑下に陥っています。同じ人生でも、こんな間違った思い込みを抱え込んでしまうと、とんでもなくつらい日々を送ってしまうことになります。

人間が救いがたいほど愚昧であることは、否定できない事実です。あとほんの少しでも賢明なら、歴史を通じて悲惨さを思い知らされてきたはずの戦争を二度と繰り返さず、すべての国が莫大な予算を必要とする軍事力なんか、とっくの昔に放棄しているでしょう。

国家も愚かですが、個人もまた愚かです。毎日、殺人事件のニュースが流れない日はありません。一時の激情に我を失い、他者の尊い生命を奪う行為に走ってしまう。そんなことをすれば、やがて警察に捕まり、しかるべき刑事罰の対象になるとわかっていてもやってしまうわけです。

もちろん殺人なんて犯さない人が世の中の圧倒的多数ではありますが、一つの人間の営為として見た場合、そこに人間がもつ絶望的な愚かさがあるように思います。しかし、その絶望の只中から光を放ち始めるのが、「光の意識」です。

比較宗教学を専門とする私は、「絶望の後に救いがやってくる」という構図が、世界のいずれの宗教においても共通したモチーフであることに気づきました。深い宗教体験をもつ人たちが、異口同音に瞑想の核心において、光を幻視する「光の体験」を共有しています。ふつう神仏といえば、天国とかあの世とか、ともかく自分の外にいると想像しがちですが、「光の体験」は、あくまで内面的なものです。

いや、宗教など無関心な人の運命にも、同様のパターンがあります。絶望的な土壇場で希望の光が差してくるのを幾度となく目撃してきた私は、人間の心の奥深いところに、元々、光が潜んでいるのではないかと考えるようになりました。だからこそ、それを「光の意識」と名付けたのです。

人間本来の魂や真心は、曇りなきダイアモンドみたいに光を放っています。それは年齢や性別、学歴や性格とはまったく関係のないものです。病気で寝込んでいても、年老いて死の床に臨んでいても、それは眩しい光を放っています。

残念ながら、それがほとんど認識されていないのは、無意識の部厚い壁の向こうに隠れているからではないかと思います。

ほんとうは宗教も道徳もいらない

現代社会では、世界各地で残忍なテロや凶悪犯罪が横行する一方で、長期間にわたって心を病み、向精神薬を手放せないでいる人も少なくありません。ひと昔前と比べれば、物質的にはずいぶんと恵まれた生活環境に置かれているはずだのに、私たちは多かれ少なかれ、まるで修羅場のような現実を送っています。

これは政治や経済が悪いのでもなく、教育や宗教が間違っているからでもありません。結論を言えば、自分が自分で苦しみを作っているだけです。

誰の無意識にも、おおよそ同じぐらいの「肯定的記憶」と「否定的記憶」の両方が保存されているはずです。それは、人間として同じ長さの歴史を刻んできたからです。飢餓や疫病、地震などの天災、紛争や戦争などの人災も体験していれば、家族愛、師弟愛、同胞愛にもたくさん触れてきたはずです。人類は数えきれないほどの過ちを犯してきましたが、それでもサバイバルできたのは、ひとえに人間同士が抱く愛情の力のおかげです。

無意識に蓄積されているいずれの記憶を現実に投影するかによって、私たちの運命は決まるのではないかという大胆な仮説を、105ページで展開させていただきました。無意識というレンタルビデオショップからどんなDVDを借りてくるのかは、私たちのチョイスです。残忍な暴力的映画を見たいのか、心が洗われる感動的映画を見たいのか、人によって好みは違います。

ですから、**私たちが歩んでいる人生も、ほんとうはみずからの好みで選んでいるのではないか**というのが私の考えです。

誰一人として、自分の人生を苦渋に満ちたものにすることを望んでいません。愛する人、信頼する人に囲まれて、平穏な人生をまっとうしたいと願っているはずです。

では、その願いを叶えるには、どうすればいいのでしょうか。

その方法の一つとして、みずからの内にある「光の意識」を、なるべくたくさん自我意識に引き出してくるということが大事だと私は考えています。

自我意識とは、現実生活のことです。無意識の爆発的なエネルギーから逃れることは不可能だとしても、その方向を変えることは可能なはずだと思います。つまり、**「闇の意識」を「光の意識」によって、より良い方向に向けていく**のです。

美しく、愛に溢れた記憶を選び出し、それを現実に投影することができれば、人間として最高の人生を送ることができるはずです。無意識から肯定的記憶を拾い上げるという離れ業をやってくれるのが、ほかならぬ「光の意識」です。それさえ手に入れることができたなら、自分の中の神様が自分を導いてくれるようなもので、もう宗教も道徳もいらないのではないかとさえ思います。

宗教や道徳は時として、私たちの自由を束縛します。しかし、みずからの中の「光の意識」を引き出すことができれば、特定の教義や徳目を原理主義的な説教者に吹き込まれ、それを金科玉条とするような愚かさから卒業して、誰もが主体的になり、自由に楽しく生きることができるはずです。そうすれば、すべての諍《いさか》いが今日にも地球上から消えてしまうことでしょう。それが、本書で私が最も強く訴えたいことの一つです。

現実を照射し続ける「光の意識」

私が考える「光の意識」は、無意識の闇という長くて暗い夜の後に訪れる朝陽のような存在であり、実人生の中では絶望的な挫折体験を経て、その存在に気づく人が大半のようです。悲観主義の究極に現われる楽観主義と言ってもいいかもしれません。

ベートーヴェンも聴覚を失うという絶望体験の後に、「喜びの歌」（交響曲第九番）を作曲しています。この世的には不遇な人生を送った彼も、「光の意識」に触れることによって、不朽の名作を次々と生み出すほどの創作意欲が溢れたのではないでしょうか。「光の意識」は、その人がいかなる社会的境遇に置かれていても、喜悦の感情をもたらすのです。

日本は世界に冠たる長寿国ですが、中でも一〇〇歳を超えた、いわゆる百寿者の中には、「超越的多幸感」をもつ人が多いとされています。

超越的多幸感とは、現実の状況に左右されない幸福感のことです。たとえ配偶者に先立たれ、寝たきりになった人でも、「今ほど幸せなときはない」と偽りなく言える心境のことです。そこには、明らかに「光の意識」が顕現しているように思えてなりません。人生の最終段階において、そんな素晴らしい意識を手に入れることができるとすれば、人間として無上の幸せです。

無意識の最奥に潜む「光の意識」は、それを自覚するしないにかかわらず、私たちの刻々の生活に照射されているものだと思います。現在、病気や借金に苦しんだりして、「人生のどん底」と感じている人の生にも、「光の意識」は眩しく照らされています。どれだけ苦しくても、この瞬間に生きていること自体が、その否定しがたい証拠ではないでしょうか。

潜在意識の曇りを取り除いて、素直な気持ちで現実に向き合えば、必ず「光の意識」は希望と喜びをもたらしてくれます。そのことを昔の人は、「神仏のご加護」とか「ご先祖のおかげ」などと表現してきたわけですが、その神仏の正体はと言えば、内なる「光の意識」に他なりません。

合気道の創始者として著名な植芝盛平《うえしばもりへい》（一八八三―一九六九）にも、「黄金体体験」というものがあります。彼は庭で散歩している最中に、「『突如天地が動揺し、大地から黄金の気がふきあがり、私の身体をつつむと共に、私自身も黄金体と化したような感じがし』、宇宙の真髄を知る」という神秘体験を持ちました。

この体験をきっかけに植芝は「武道の根源は神の愛であり、万有愛護の精神である」という武術の極意を悟ったとされています。

指一本触れずして巨漢でも投げ飛ばした植芝は、相手が木剣を振り下ろしてきても、その直前に「白い光」が見え、それを避けることができるのだと語っています。そんな神業をやってのけた彼は、つねに「光の意識」と一体化していたのかもしれません。

しかし植芝盛平のような武道の達人でなくとも、**「光の意識」は万人に共有されているために、「無意識の壁」さえ破れば、誰にでも体験できる**ことではないかと思います。

私自身も若き日に、坐禅中に全身が輝き出す体験をもったことがあります。明けても暮れても坐禅に没頭している時期だったので、突如として無意識の壁の一角が崩れ落ちるようなことが起きたのだと思います。

明恵上人の仏光観

宗教史を丹念に辿っていくと、古今東西の宗教家の多くが「光の意識」の体験、言うなれば「光の体験」をしていたのではないかと思われます。宗教体験とは「無意識との対話」にほかならず、その対話が結実してきたところに「光の体験」が誕生するのです。

日本仏教史上でも、「光の体験」を繰り返していたと思われる僧侶がいます。それは、華《け》厳《ごん》宗中興の祖とされる明恵《みょうえ》上人（一一七三—一二三二）です。彼は徹底した釈迦信仰の持ち主で、ブッダと同じ宗教体験を持ちたいがために、若き日から坐禅に明け暮れていました。

現代精神医学の観点から見れば、明恵上人は恐らく高機能自閉症と診断されるのではないかと思われる一面がありました。集団の中では修行できず、いつも山中の庵で何日も絶食したりしながら坐禅を続けていましたし、寺に戻ってきても人と会うのが大の苦手だったようです。

その一方で、四〇年間も毎夜の夢を記録した『夢記《ゆめのき》』を書き残したり、故郷の紀州湯浅の海に浮かぶ島に恋慕して、本気で恋文をしたためたりもしています。

明恵は今でいう「ひきこもり」的人物だったように思われるのですが、たとえそうであったとしても、私は彼の人格を貶《おとし》めたいわけではありません。元来、宗教や芸術に深く関わる人間には、私自身も含めて、何らかの心身症的傾向があるものです。ユングにも、統合失調症的な傾向があったとされています。

燃えるような求道心と戒律に厳しいことにおいては、日本仏教史上、明恵上人の右に出る人物はいないと思われます。世俗的な日本仏教に批判的だった彼は、原始仏教を理想化し、実際にインドへの移住を真剣に計画していたほどです。

またブッダを慕うあまり、本堂で読経しているうちに慟哭《どうこく》し始め、法要が中断するようなこともあったと伝わっています。

そういう明恵上人が実践していた瞑想は、仏光観と呼ばれるものです。それは、華厳経において宇宙の中心的存在とされている盧舎那仏《るしゃなぶつ》が放つ無尽の光の一筋ずつを観想するうちに、自分がそれと一体化していくという瞑想法です。その結果、すべてが光輝く空間の中に盧舎那仏を見るという神秘体験が記録されています。


虚空輝くこと限りなし。その光明の中に、大聖まのあたりに現じたまう。

（『却廃忘記』）


まさに「光の体験」そのものです。このときの「光」を、私は彼自身の無意識の根底から湧き上がった「光の意識」だと考えています。それは第三者がその場に居合わせても見えるわけではありません。

真相は定かではありませんが、こうした神秘体験を繰り返していた明恵上人には透視能力があり、遠くで起きていることを言い当てたりもしました。その不思議な能力を讃嘆する弟子たちを「真剣に坐禅さえしていれば、誰でも当たり前にできることだ」とたしなめています。

また、彼は「月の歌人」と呼ばれるほど「月」に関する歌を多く詠んでいます。


あかあかやあかあかあかやあかあかやあかあかあかやあかあかや月

これは見事に月光と一体化した歌です。眩しい月の光が全身を通り抜けていくような感覚に包まれます。この歌を詠んだとき、彼が実際に月を愛でていたのかどうかはわかりません。しばしば屋外で夜を徹して禅を組んでいた彼が、心象風景として自己内面で見た月光ではないかと私は想像しています。

明恵上人と同時代に生きた親鸞聖人も阿弥陀如来のことを「無礙光《むげこう》如来」と表現することが多かったのは、念仏中に光輝く仏を見ていたのでしょう。このことからも、無意識の階段を降りていく道が、坐禅であろうが、念仏であろうが、その先に現れるのが「光の意識」であることを物語っているように私には思えてなりません。

第5章

無意識との対話を実現するには？

意識の層には壁がある

人間の心は五重塔のように五層構造になっているというのが私の持論だということ、そして各層は具体的にどのようなものなのかということについて、これまで述べてきました。

ここまでお読みくださった方の中には、「あなたが無意識の構造をどう考えているかはわかった。では、どうやって『無意識の壁』を突破するのか、そして無意識とつながることができるのか」とお思いの方もいらっしゃるでしょう。

ここからは、私たちが無意識との対話をどのように実現するかについて、私なりの知識と経験に基づいて考えを少しずつお話ししていきたいと思います。

そのためにまず、私たちはどうすれば意識の世界から無意識の世界へとアプローチできるか、一つの思考実験ではありますが、その前提になる考え方について述べてみたいと思います。

私はこれまでお話しした五つの意識の層のそれぞれの境界線に「壁」のようなものがあるのではないかと考えています。そして、それぞれの「意識の壁」を突き崩すたびに、私たちの人生は大きく広がっていきます。「広がる」というのは決して比喩ではなく、現実に自分の世界を広げていくということです。

一日中、小さな部屋に閉じこもっていればとても息苦しくなるのと同じように、自分をごく限られた価値観に閉じ込めたままだと、私たちは生きづらさに苦しむことになります。しかし、そうした愚行を、私たちは精神世界でやってしまっているのかもしれません。

自我意識と潜在意識の間にある壁を「第一の壁」と考えてみましょう。この壁を破ると、理屈臭くて、プライドばかり高かった人が、感性豊かになり、人への思いやりを持ち始めるのではないかと思います。

何事も四角四面で融通の利かない人がいたりしますが、こういう人はこの壁を破ることができず、自我意識の世界に自分を閉じ込めているのです。ご本人は大マジメでも、その杓子定規の価値観のために、しばしば周囲の人間が迷惑をこうむることになります。

井の中の蛙《かわず》的な生き方を止めて、より多様な人生体験を持つことによって、「第一の壁」は比較的容易に破れるのではないかと思います。

そのためには、自分とは異なる強い個性をもつ人との出会いや、異文化に触れる旅などを体験することが大切です。昔から「可愛い子には旅をさせよ」と言われている通りです。

「他人の飯を食う」こともまた、異文化体験です。

子供時代に過保護に育てられたり、受験勉強ばかりを親に迫られてきたりすると、狭い価値観の世界に閉ざされて、上っ面ばかりの人間になってしまう可能性があります。サラリーマン社会では、管理職についている人の中にも、けっこうこういうタイプの人がいるのではないでしょうか。たとえ高学歴であっても、そういう人は独創性や決断力を欠いているので、企業の発展に貢献することはないように思われます。

壁を破ることで世界は広がる

次に、潜在意識と個人無意識の間にある「第二の壁」を破ると、その人の人生に劇的ともいえる大きな変化をもたらすことになるのではないかと思います。潜在意識の情念に振り回されがちだった人間が、真に創造的な能力を発揮し始めるのです。

個人無意識には無尽蔵の記憶が蓄積されていると考えると、そこにはさまざまなアイデアとイメージもまた記憶されているはずです。

歴史に名を残すような仕事をやってのける人は、必ずこの「第二の壁」を破り、自分の想像力の根を無意識層にまで張り巡らせているはずです。序章で村上春樹氏のお話を取り上げましたが、彼はまさに、この壁を破って作品を生み出している作家だと私は思います。

しかし「第二の壁」は、簡単には乗り越えることができません。村上氏もその難しさについて述べていました。それでも、真剣に一つのことを徹底的に追究しているうちに、この壁は破れることがあります。昔の武道家が心技体といって、単に戦う技術ではない武道の精神性を求めたのは、そのためではないでしょうか。

前にイチロー氏の野球に対する姿勢を武士道に通じると述べたのは、このことを先取りしたものでした。また、武道家やアスリートのみならず、生涯一つの技術に打ち込む職人さんに深い考えを持つ人がいたりするのも、単純作業を反復するうちに「第二の壁」に穴が開いてしまうからではないかと思います。

たとえば、ドイツの神秘主義者ヤーコプ・ベーメ（一五七五～一六二四）は、長年、神秘的な体験を積み重ね、神の奥の奥、三位一体《さんみいったい》の根源は「無底」であると、まるで禅僧みたいなことを主張しました。教育も受けていない彼の著作は広く世間に注目され、教会から異端視されるに至ったのですが、彼の本業はつねに靴職人でした。靴を作るという単純作業の中で、彼は無意識の深淵を覗き込んでいたのです。

オランダの合理主義的哲学者として名高いスピノザ（一六三二～七七）も、「神とは自然である」と汎神論《はんしんろん》的な思想、つまり神と世界は一体なのだとする考えを語って、教会から異端扱いされてしまうのですが、彼は名門大学の教授に招聘《しょうへい》されても断り、生涯レンズ磨き職人の立場を貫きました。推察するに、レンズを磨くという単純な反復行為が、私の言う「第二の壁」を破り、自分の哲学的思惟をことさらに深めてくれることに気づいていたのでしょう。

そして個人無意識と普遍無意識の間にあるのが、「第三の壁」です。この鉄壁を強い意志力によって破ることができるのは、非凡な英雄ではないかと思われます。「個」を乗り越え、集団の潜在的ニーズを直観し、それを原動力として大胆な行動に出るのが英雄です。

決して英雄ではありませんが、たとえばアドルフ・ヒトラーも、当時のドイツ国民の「闇の意識」としての普遍無意識を読み取ったという意味では、非凡なデマゴーグ（煽動家）と言えるのかしれません。

「第四の壁」を破ると何が起きるか

さて最後にあるのが、普遍無意識と「光の意識」の間にある「第四の壁」です。
『君が代』に「さざれ石の巌《いわお》となりて……」というフレーズがありますが、個々の記憶がさざれ石だとすれば、それが凝固して岩となったのが、私の考える「第四の壁」です。途方もなく長い時間放置された集団的記憶が、普遍無意識の底に固着しているのだと考えるとすると、この壁は岩盤のように固い。110ページではコールタールのようなものだと表現しましたが、わかりやすく言えば、そのコールタールが凝固すると、厚い岩盤のような「第四の壁」が形成されるわけです。

この壁の存在は従来の深層心理学でも指摘されたことはありませんし、科学的に証明されているわけでもありません。では、それは単に想像上の存在かと言えば、決してそんなことはないと私は考えます。

古今東西の宗教が、信者に対して難行苦行を課してきたのも、この「第四の壁」を破るためなのではないかと思います。これを破って「光の意識」に遭遇すれば、いわゆる輪廻転生から解脱する、あるいは神に出会うといった体験をもつことになります。

ブッダやイエスのように宗教的天才は、「第四の壁」を突き抜けて眩しい「光の意識」に遭遇し、その時代において画期的な思想を説き始めることができたわけです。

聖書に「その光は、まことの光で、世に来てすべての人を照らす」（ヨハネによる福音書1章）という言葉がありますが、ここに書かれているのは「光の意識」そのものになったイエスのことではないでしょうか。仏教でも、原始仏典にはバラモンとして瞑想に耽《ふけ》っていたブッダの身に起きたことが記されています。

熱心に思念しつつあるバラモンに、もろもろのダンマが明らかになるとき、かれは魔軍を粉砕して安立している。あたかも太陽が虚空を照らすがごとくである。

（玉城康四郎訳『ウダーナ』）

「魔軍」とは無意識に蓄積された無限大の記憶のことです。そこに太陽のような「光の意識」が差してきたというわけです。闇の全否定ではなく、闇を光が融合したときにこそ、深い知恵が生まれてくるのです。いわゆる「煩悩即菩提」も、同じことを意味します。

イスラム教の教祖ムハンマドも洞窟で瞑想中に天使ガブリエルが現われ、啓示を受けたとされていますが、天使とは恐らく「光の意識」のメタファーではないかと私は思います。

しかし、「第四の壁」を破り、「光の意識」に遭遇できるのは、そうした宗教的天才だけではありません。交通事故や大病で生死の境をさまよったことのある臨死体験者も「トンネルの先に眩しい光が見え、そこにお花畑が広がっていた」というようなことを異口同音に報告しています。これは彼らが極度に意識の低下した状態で、「第四の壁」を通り抜け、「光の意識」に遭遇したから、そうした光景を目にしたのではないかと思うのです。

「光の意識」は誰にでも内包されているのではないかと先述しましたが、もしそうならば、それをさっさと手に入れて、もっと気楽で楽しげな人生を送ればよさそうなものです。それができないのは、無意識の底にあまりにも分厚い壁があり、「光の意識」の露出を妨げているからだと私は思います。

仏教では迷いの根本に「無明」があり、キリスト教では人間の存在の根本に「原罪」があるとされます。私なりに解釈すると、それが「第四の壁」に相当するのではないかと思います。現代的には「絶望」という言葉が、いちばんそれに近いかもしれません。

だからこそ、それを突き破ることは困難を極めるのです。歴史上の信仰者が苦しみ、そのために命を賭けてきたと言っても過言ではありません。

菩提樹のもとで成道《じょうどう》される以前のブッダは、バラモン教の修行者の中に入り、極端な禁欲主義的行に携わっていました。パキスタンのラホール博物館に収められている「釈迦苦行像」を見ると、ブッダは骨と皮だけの状態で坐禅をしています。きっと実際に、あのようなお姿になられるまで、自分を追い詰められた時期もあったのでしょう。

聖書によれば、イエスも洗礼を受けた後、荒野で四〇日間も断食し、サタンの試みを受けたことになっています。その試練に耐え抜いたイエスは聖霊に満たされ、人々に福音を説き始めますが、そのことも「第四の壁」が破れ、「光の意識」が出現したことを指しているように思われます。

難行苦行の多様な形態は古今東西の宗教に存在しており、人類は本能的に「第四の壁」を打破することに強い憧憬を抱いてきたのではないでしょうか。しかし、金やダイアモンドを地下の鉱脈から取り出すのが大変なように、この壁を破るのは、至難の業です。求道心に燃える数多《あまた》の宗教家は、血の汗を流してきたのではないかと思います。

難行苦行は本当に必要なのか

日本仏教の中にも、いろいろな難行苦行があります。日蓮宗の「大荒行《だいあらぎょう》」では、冬の最も寒い百日間、荒行僧は早朝二時から深夜一一時まで、題目を唱えたり、法華経を読誦したりします。さらに、一日七回も全身に冷水を浴びます。

私も縁あって、その様子を垣間見たことがあるのですが、頭も髭《ひげ》も剃らない行者たちが、死装束をまとってムシロの上に坐り、経を唱え続ける姿には悲愴なものがあります。食事も一日二回の梅干しと白粥《しろがゆ》だけ。精神的ストレスに加え、繰り返される水行で体の芯に冷えが入るせいもあって、時には死者も出るほどの激しい行です。

私は現在、事情あって天台宗に僧籍を置いていますが、天台宗といえば「千日回峰行《せんにちかいほうぎょう》」が有名です。これは比叡山山内で、実に七年もの間、真言を唱えながら歩き、各所を礼拝するというものです。

千日の間、病気やケガをしても、毎日何十キロもわらじ履きで歩き続けるというのは、強い体力と精神力に加えて、神仏の加護がなければ成就できないことです。とくに五年目の七〇〇日を終えると、九日間の断食・断水・断眠・断臥《だんが》が課せられる「堂入り」をする掟になっています。これは、医学的には死の危険を伴う荒行であり、行者は入堂前に葬式を営むことになっています。

日本仏教の母体ともいえる比叡山延暦寺には、この回峰行だけではなく、他にも多様な修行法が千年以上もの間、継承されています。いずれも凡人がなし得るたぐいの修行ではありません。九〇日間、薄暗いお堂に独り籠って、坐り続けたり、歩き続けたりする行もあります。

この自由主義の時代に、よくもそれだけの長い歴史を経て、しかも織田信長の焼き討ちにも遭いながら、天台僧たちが古来の宗教的伝統を忠実に守ってきたと驚嘆させられます。

私自身、比叡山の横川《よかわ》にある行院に六〇日間、籠って行をしたことがあります。一二〇〇年の歴史を誇る比叡山延暦寺の中では、ごく初歩的な行ですが、六〇代半ばの人間が挑戦するには相当無理のある激しい行でした。

何しろ朝一時に起きて水をかぶったり、何時間も正座して大声でお経を上げたり、三千回もすごい速さで礼拝行をしたりするわけですから、我ながらよく頑張ったと思います。

肉体的な苦しみもさることながら、私がいちばんつらいと思ったのは、絶対服従の生活の中で一切の精神的自由をはく奪されてしまったことです。ふつうに生活できる自由の尊さを身に沁みて再認識しました。

最初に少しお伝えしたように、私は若いときは、二〇年も臨済宗の禅修行をしていました。そちらも精神的かつ肉体的負担が大きいものです。よく青春時代の二〇年も、そんな厳しい環境に自分を置いてきたものだと、今さらながらに呆れます。そんな個人的事情もあって、比叡山での密教修行は、比較宗教学的な観点からも、大いに勉強になりました。いわゆる鎌倉時代以降に発生した顕教と、平安時代からあった密教と、その両方を体験するという稀有なチャンスに恵まれたわけです。

そしてそんな厳しい行を経ることによって、私が悟ったかと言えば、そんなことはまったくありません。相変わらず煩悩まみれです。私なりに今まで歩んできた人生の反省になり、またそれなりの神秘的体験を味わわせてもらったことも事実です。しかし、そういう苦行を他者にも勧めたいかというと、答えは明らかに否です。

戒律至上主義の上座部仏教

日本仏教の諸宗派における厳しい修行も、原始仏教の戒律主義を厳格に守ろうとする上座部仏教と比べれば、あくまで初心者向けと判断されるかもしれません。日本のお坊さんにとっては、今や肉食妻帯が当たり前になって、在家の人と同じライフスタイルを営んでも違和感はありません。しかし日本以外の仏教国では、独身主義や菜食主義は出家が守るべき最小限のルールであり、僧俗の間に区別がないことは認められていません。

インドのジャイナ教は、仏教と同じくらい長い歴史を持っていますが、戒律の厳しさでは世界有数の宗教と言えます。徹底した不殺生《ふせっしょう》主義を信奉しているので、虫を間違って吸い込まないようにマスクをし、道を歩いたり、坐ったりするときは虫をつぶさないように、必ず箒《ほうき》で道を掃き清めます。

無所有も大切な戒律とされています。ですから裸行《らぎょう》派《は》の人たちは衣服を持たず、その生涯を全裸で過ごします。灼熱のインドだからこそ、持続可能な教義なのかもしれません。農業や牧畜をすると、大小の生き物を殺してしまい、不殺生戒を犯してしまうかもしれないので、ジャイナ教徒の多くは小売商や金融業を営んでいます。

このように禁欲的苦行は諸宗教で当然のこととなっていますが、なぜそこまでしなくてはならないのでしょう。たいていの場合、神人合一《しんじんごういつ》の境地に至るためとか、輪廻転生から解脱するためといった理由づけがされています。さらに自分を苦しめることによって、贖罪《しょくざい》、つまり自分と先祖が重ねてきた罪滅ぼしができるという考えも含まれています。

しかし私の解釈では、**すべての宗教的修行は「第四の壁」に穴を開け、「光の意識」を引き出すためになされています**。難行苦行は、固くて厚い岩盤のような「第四の壁」にドリルで穴を開けるような作業なのです。

もちろん、それができる人は、たぐいまれな精神力と体力の双方を持ち合わせている精神界のエリートです。戒律の厳しい宗教ほど、出家と在家の立場が峻別《しゅんべつ》されるのも、そういう理由があるのではないかと思います。しかし、そんな難行苦行を見事にやり抜いたとしても、私の言う「光の意識」に遭遇できるかどうか、保証のかぎりではありません。ひょっとすれば、宝くじで一等賞を当てるよりも、確率が低いかもしれません。

宗教は、つねに脱皮を必要とする生き物です。時代と共に人々の価値観も思考回路も変わります。長い歴史に伴う形式主義や制度疲労を超克して、まったく新しい形のスピリチュアリティが誕生し、人類をより平安な道に導いてくれる日が来ることを真摯に祈ります。

声を変えると人生が変わる？

ここまで、無意識の持つ力について多少なりともご理解いただけたでしょうか。「光の意識」と言われてピンとこない方もまだいるのではないかと思いますし、難行苦行の話を身近に感じられないという意見もあると思います。

無意識について、誰にでもわかりやすい言葉で説明し、その真実を明るみに出すことは、極めて困難な試みです。太陽系、銀河系、さらにはその外にも広がるとされる宇宙の全情報を得ることも現存の科学技術では不可能です。それと同じことが無意識についても言えるのではないかと思います。

もちろん、心理学には夢分析や箱庭療法など、さまざまな臨床的手法があり、みずからの無意識のごく一部の情報ならば入手する方法はあります。それぞれに意識下の情報について新たな発見があり、とても興味深いものがあります。

しかし、意外と注目されていないのが、声です。**顔に人相があるように、声にも声相があるのです。**易者でも達人となれば、通りすがりの人の人相を見て、その人の運勢をおおよそ言い当てることがあります。声を聞くだけで、それと似たようなことができる人もいます。

『８割の人は自分の声が嫌い』（ＫＡＤＯＫＡＷＡ）の著者で、ＮＨＫラジオの番組「こころをよむ」にご出演されていた、山﨑広子さんという方がいます。認知心理学をベースに、人間の声が持つ自他への影響力を研究されている方ですが、彼女は人の声を聞くだけで、その人の年齢から体型、体調、さらには性格や成育歴までのおおよそを言い当てることができると言います。

趣味は国会中継を聞くことだそうですが、答弁を聞いていると、どの政治家が嘘をついているかも、すぐにわかると言います。ご本人は思春期の頃に失声症に陥ったことがあるらしく、その経験を生かして、今は「声のソムリエ」になっておられるわけですから、立派なものです。逆境が人を育てる良い例です。

さらに山﨑さんによれば、大半の人は自分の「本物の声」、それを彼女はオーセンティック・ヴォイス（authentic voice）と呼んでいますが、それを見つけていないと言います。本物の声とは、その人の心身の恒常性に適った声であり、無理なく出すことのできる心地よい声のことです。

私はそのような声とは、根源的な生命から来る「命の声」なのではないかと思います。赤ちゃんは、周囲の大人の思惑などお構いなしに思い切り泣き叫びます。あれもまた「命の声」です。自分が志した仕事に成功し、自律した生活によって健康を謳歌しているような人は、じつにハリのある声を出しますが、それも揺るぎのない自信から来る「命の声」です。

まもなく命絶えようとする人の声は、小さくか細いものです。命の消滅を目前にすれば、「命の声」も小さくなって当たり前です。山崎さんも、オーセンティック・ヴォイスとはその人の根源、その人の命そのものであり、その人自身の尊厳とさえ言えるものだと指摘しています。

山崎さんはさらに、現代人は自分のオーセンティック・ヴォイスを知らないまま、どこからか借りてきたような声や作り声で話す傾向があると指摘しています。また戦争・経済恐慌・自然災害などによって、社会不安が高まってくると、人の声は総体的に高くなると言います。

声に対して意識的なのは男性より女性のほうが多いのではないかと思いますが、作り声が多いのも女性です。とくに愛嬌《あいきょう》を振りまこうとして上ずったような声を出す若い女性のことを、山崎さんは「クレーン女子」と呼びます。まるでクレーンに吊り上げられたような声だということです。そんな吊り上げられたような、地に足が着いていないような作り声で生活していれば、本音と建て前が大きく乖離《かいり》してしまい、生きづらくなるのは当然ではないかと私も思います。

自分のオーセンティック・ヴォイスを見つける手段として、まず山崎さんは自分の声を録音して、何度も聴き直すことを勧めています。録音した自分の声を聴いたことのある人はわかると思いますが、自分が耳で聞いている声と実際に外に出ている声は違います。さらに、たいていの人の声には、相手には見せていないと思っている感情もさらけ出されているそうですから、録音して客観的に聞くことが大事だそうです。

そしてその**録音した声の中から、自分がいいと思った声を見つけ、その声を出したときの状況や心理状態などを思い出しながら、その声を出した原因を探っていくことが、オーセンティック・ヴォイスを手に入れるために効果的な方法**だと言っています。

声と聴覚は脳内で密接に関わっています。「聴覚のフィードバック効果」といって、オーセンティック・ヴォイスを出せるようになると、みるみるうちに現実に変化が起きると言います。声によって健康面はもちろんのこと、性格から容姿まで変わってしまうそうですから、決して「声の力」を侮ってはいけません。

そうした変化が起きるということは、声が人間の意識の深いところにまでつながっている証しなのではないかと私は思います。

声に光が射すとき

ラジオでもお話しされていましたが、山﨑さんは一時期、アルコール依存症の方の自助グループに密着して研究をされていたそうです。そのときの興味深いエピソードとして、彼らが回復傾向に向かうとき、時として「声に光が射す」瞬間があり、その瞬間が増えていくと、「この人は恢復《かいふく》する」とわかったそうです。

「声に光が射す」というのは、とても面白い表現です。アルコール依存症の方にかぎらず、自分を見失っていた人が、本来の自分を取り戻し、オーセンティック・ヴォイスで感情や意思をはっきりと表現できるようになり、自信に満ちてくる瞬間にもまた、光を感じるのかもしれません。

このことを私なりに解釈すると、これはまさしく、心を小さな世界に閉じ込めていた「意識の壁」が次々と破れ、声の中に「光の意識」が浸透してくるようなものではないかと思います。何らかの精神疾患に苦しんでいる間は、その人が病んでいるというよりも、ほんの少しばかり「意識の壁」が「光の意識」をブロックしてしまっているだけなのです。その壁を少しずつ崩していけば、必ず回復する希望があるのだと思います。

このことは、私たちの心身が備えている奇跡と言ってもよいかもしれません。難しい修行をしなくても、特殊な精神療法をしなくても、自分の声で自分を癒すことができるなら、これほど有り難いことはありません。

実際にロシアのゲノム研究グループが発表した論文には、**声に含まれる周波数が体内の遺伝子を修復する**というものがあるのだそうです。具体的な研究結果の公表はこれからとのことですが、もしそれが有効で、どの病状にどのような周波数の音声を聴かせれば症状が改善するかということまで判明してくれれば、現在の医療を画期的に変革することになるかもしれません。

それほど、声は私たちの意識や肉体の状態と密接につながっているのです。そんな声をおろそかにすることは、すでに手の中にある宝物を捨てるようなものです。自分がどのような声を出しているか、そしてそれをどうすれば改善できるのか、立ち止まって考えてみる価値はあると思います。

宗教の本質に関わる声

声が人間の意識と深く関わっているとなれば、当然のことながら、声は宗教とも深い関係があります。お寺に行けば、お坊さんは大きな声でお経を上げていますし、神社に行けば、神主さんが朗々と祝詞《のりと》を上げています。もし単なる日常業務としてお経や祝詞を上げている宗教家がいるとしたら、それはもったいない話です。

宗教儀礼に日々真剣に取り組めば、必ず「命の声」が出てくるはずであり、それが人間と神仏の橋渡しをしてくれるのだと私は解釈しています。そのように聖なる世界と俗なる世界を結ぶものを、宗教学ではヒエロファニー（聖体示現《せいたいじげん》）と呼びます。

人の声も立派なヒエロファニーです。ですから、どのようなお経や祝詞を上げるかということよりも、どのような声でそれを上げるのかのほうが、はるかに重要だと思います。

朗々と唱えられるお経や祝詞を聞いていると、うっとりすることがあります。うっとりするということは、すでに聴く側の意識が変わりつつあるということです。脳波にも変化が生じているに違いありません。そんなとき、上げている当人も、気持ちが良いはずです。

それを上げてもらっている神仏も気持ちがよいのかもしれませんが、これは残念ながら証明ができません。

日本の宗教だけでなく、**世界のどの宗教を取り上げても、声は重要な働きをしています。**

たとえば、キリスト教は讃美歌と切っても切れません。チャペルで崇高な讃美歌を聞いていると、なんだか神に近づいたような気になります。それも、声による意識変容体験です。

フランスの修道院で、しばらく讃美歌の練習を中止したところ、次々と修道士たちがうつ状態になったという報告があります。修道院生活では、大部分の時間において沈黙が維持されますので、讃美歌の練習時間がなくなるということは、発声の機会を失うことを意味します。そして、それが修道士の精神状態に大きく影響を及ぼしてしまうわけです。

私が臨済宗の雲水をしていたときは、極端に少ない睡眠時間と、近代栄養学の観点からは欠陥だらけの粗食しか与えられていない状態で、長時間の肉体労働に従事していました。でも、どうしてあんなに元気だったのだろうと振り返るときがあります。当然、年齢も関係していたと思いますが、今から思えば、最大の声量でお経を上げる朝夕のお勤めや、数時間にわたる托鉢中の発声が、心身の健康維持に大きな影響を及ぼしていたように思えてなりません。

お腹から出す朗々とした発声は肺活量を増やし、より多くの酸素を血液に送り込み、甲状腺や脳を刺激して、新陳代謝に必要な成長ホルモンや脳内物質を増やしてくれるのではないかと考えています。

ユダヤ教、イスラム教、ヒンドゥー教などでも、大半の祈りは発声を伴います。しかも声を出しながら、祈りが深まってくると、体を前後に揺らしたりします。これはトランス状態に入り、神との一体感を感じ始めると起きる現象です。

山﨑さんによれば、短い祈りの言葉など、修行のためのお経や祈りを一定時間繰り返すと、意識の干渉が入らなくなるため、声、聴覚、脳が三位一体となって心身に働きかけ、その人の最も良い状態を実現する、脳の自動補正機能が働くと言います。念仏や題目を長時間唱え続けることによって精神的覚醒を体験する人がいたりするのは、そのためなのかもしれません。

そういえば世界的数学者だった岡潔《おかきよし》さんは生前、数学の問題に取りかかる前に、木魚を叩きながら念仏を一時間称えることを習慣にしておられたと聞いています。世界の英知が挑戦しても簡単には解けない数学の難題を、意識の深いところで解くために、声を伴った念仏を杖にして意識の階段を降りていかれたのかもしれません。この大数学者の心の中で、宗教と科学を矛盾なく結び合わせていたのも、「声の力」だったのではないかと思えてなりません。

「声の力」がもたらす神秘体験

「声の力」を最大限に利用して、みずからの宗教体験を深めた人として私が想起するのは、鎌倉時代に専修念仏《せんじゅねんぶつ》を広めた法然上人です。

私はもともと禅宗の僧侶だったのですが、法然さんの日本思想史上における大きな働きに注目して、アメリカ留学中に法然研究を始めました。法然さんの書き残したものを調べていくと、阿弥陀如来の姿や極楽浄土の光景を念仏中に繰り返し幻視していたことが判明しました。彼の革命的な宗教思想の背景には、神秘体験に裏打ちされた強固な自信があったのです。

禅のほうでも、何時間も坐禅を続け、禅定が深まってくると、幻視体験が起きることがあるのですが、すべて魔境、つまり幻覚として否定されます。ところが、法然さんは自分の念仏信仰の核心に幻視体験を据えていました。

私はなぜそんなことが起きるのか、その理由を探り続けたのですが、その結果、彼が実践していた口称念仏《こうしょうねんぶつ》には「声の力」が重要な位置を占めていることに気づきました。法然以前、平安時代にも念仏行者はいたのですが、たいていは観想念仏《かんそうねんぶつ》、つまり心の中で念仏を称え、阿弥陀の姿を想像するというやり方だったのです。

ところが、法然さんは声高らかにナムアミダブツを口に出し、しかも「不断念仏」と言って、二六時中、ナムアミダブツを称えるだけで、誰でも極楽往生すること間違いなしと説いたのです。

念仏するとき、彼は「心の底より、真実にうらうらと、一念の疑念もなく」称えるのがよいと教えました。複雑な作法に則《のっと》って、密教修法を営んでいた南都北嶺《なんとほくれい》の僧侶たちは、当初は法然さんの言っていることなど戯言《ざれごと》に過ぎないと思っていたはずです。

ところが法然さんの教えは燎原《りょうげん》の火のようにたちまち全国に広がり、その予想外の展開には、京都や奈良の名刹《めいさつ》のお坊さんたちも慌ててしまったのでした。檀信徒が寺を離れてしまうと、単に思想的な問題ではなく、経済力や政治力も削がれるからです。

広大な荘園を耕す小作農も、念仏のおかげで仏罰を恐れなくなり、土地を離れてしまいますから、労働力もなくなってしまいます。ですから南都北嶺の大寺院は、こぞって朝廷に圧力をかけ、法然さんとその弟子たちを弾圧したのです。

それにしても、法然さんは一種の天才だったと私は思います。密教に「三密加持《さんみつかじ》」といって、体と口と意志を駆使して修行すれば、ブッダと同じ境地に至ることができるという教えがありました。彼はその中の「口」、つまり「声の力」に注目し、誰でもどこでも称えることのできる念仏の実践を推奨したのです。

そうなれば、富裕貴族のように寺院に多額の布施をできない人たちも、出家して仏門に入ることができない人たちも、ごくふつうの庶民が今まで通り家業を営みながら、仏の教えにあずかることができます。法然さんの解放的な教えは、日本仏教を鎮護国家の宗教から個人救済の宗教へと大転換せしめ、日本の思想史に大きな足跡を残すことになりました。

私は最初、極めて単純な念仏を口で称え続けるだけで、なぜ法然さんが深い神秘体験を持ったのか、不思議に思いました。しかし、単純な言葉を反復することにこそ、大きなポイントがあったのです。

よく知られていることですが、マラソン選手は走っているうちにランナーズ・ハイになることがあります。同じように水泳選手も、泳いでいるうちにスイマーズ・ハイになることがあります。

それは単純な動作を反復することによって、意識の状態が変わっていくことを示しているように思われます。序章でお伝えした「フロー」や「ゾーン」の状態です。

自力的努力によって、私の考える意識の「第四の壁」に穴を開けることは相当に困難を伴うものですが、「声の力」を利用することで、知らない間に、それが崩れ落ちるという現象が起きるのです。

密教の重要な修法の一つに、真言を唱えることがあります。たいていは、サンスクリット語の音写なので、日本人には本来の意味を理解することはできません。たとえば、不動明王真言は「ノーマク・サーマンダ・バーザラナン・センダマカロシャナ・ソワタヤ・ウンタラター・カンマン」です。まったく意味はチンプンカンプンですが、回峰行者も修験者も山を歩くときは、必ずこの真言を唱えます。

私も比叡山で修行中に、この不動明王真言を毎日、千遍唱えさせられました。念珠を繰りながら唱えるので、確実に千遍唱えます。あまりに激しい修行のため、いつも疲労困憊《こんぱい》していたのですが、なぜか毎回のように七百遍ほど唱えたあたりから、自分の意識が突然変わるのを感じました。

それまでの睡魔や疲労感などが完全に消え、極めて透明な世界に入っていくのです。坐禅とは異なり、真言読誦は両眼を開けたままやるので、同じお堂の中で誰が何をしているか、はっきりと見えているのですが、何も気にならないのです。

私はそれまで、いわゆる不動心というのは、どんな境遇においても確固不動たる心のことだと思っていました。しかしその経験を通じて、不動心とはそうではなく、一切の感情に妨げられない透明な心のことだと確信しました。禅でいう「空」や「無」などがどんな境地であるか、体で納得できたのです。それを沈黙の坐禅ではなく、「声の力」によって体験できたことに、新しい発見がありました。

禅語の中に「竹影《ちきえいかげ》堦を掃《はら》って塵《ちり》動ぜず、月は潭底《たんてい》を穿《うが》って水に痕《あと》無し」（『密庵咸傑《みったんかんけつ》語録』）というものがあります。これは「風に揺れる竹の影が階段を何度掃いても、少しも塵は動かない。月の光が池の底を照らしていても、水に穴が開いた跡が残るわけでもない」という意味ですが、まさにそんな心境になっていくのです。

それは不思議な体験でした。同じ言葉を機械的に反復して唱えるだけで、そんな境地になるのです。天台密教では、不動明王真言以外にも、何百と唱えるべき真言があります。しかし法然さんは、その中からナムアミダブツという念仏だけを選び出し、それだけで救いの必要十分条件を満たすと考えたのです。

「声の力」による意識の解放は何も念仏に限ったことではなく、日々、神棚や仏壇の前に坐って、祝詞やお経を朗々と唱える習慣をお持ちの方の中には、もしかしたらすでに「命の声」を見つけておられる方もいるかもしれません。

そのことによって精神的にも肉体的にも、お元気にしておられるのではないでしょうか。神仏の「おかげ」は、気のせいではなく、確かな根拠があるものだと私は考えています。

平均年齢が二五歳前後と推測されていた鎌倉時代において、法然上人八〇歳、親鸞聖人九〇歳という驚くべき長寿が全うされたのも、ひとえに「声の力」によるものではなかったかと思われるのです。

「人生一〇〇年時代」と言われるようになりましたが、医療環境も栄養状態も整っている現代においては、普段から「命の声」を出していれば、一〇〇歳という長寿も珍しいことではなくなるような気がします。

宗教的なことだけではなく、詩吟、長唄、謡曲、コーラスなどを趣味にしておられる方も、発声の仕方に意識を向けることによって「命の声」が回復され、身心の健康増進に確かな効果があるのではないかと思います。私たちは、「年を取って、アタマを使わなければボケる」などとよく口にしますが、実はアタマ以上に使う必要があったのは、声ではないかと思うのです。

第6章

無意識を浄化する

無意識のクリーニングは可能か

アメリカで暮らしているときから、私はアメリカ人を対象に坐禅会を開いていました。私も尊敬する禅学者の鈴木大拙が一九六〇年代に巻き起こした禅ブームのおかげで、禅に対して憧憬の念を抱く欧米人は今も少なくありません。おかげで毎週、参加者が集まり、とても真剣に坐禅に取り組んでくれました。

しかし私は心の中で、いつも何か物足りなさを感じていました。なぜなら型通りの坐禅をしてみたところで、人々が心の深いところで抱えている悩みから解き放たれるようなことが、ほとんどないからです。熾烈な競争社会であるアメリカで心の平穏を保つことは、なかなか容易ではありません。

ですから坐禅をしながらも、セラピストや精神科医のもとに通い、向精神薬を服用するような人が後を絶ちません。これではいけない。ほんとうに人々の精神が安定し、日々の生活の中で幸福感に満たされるような瞑想法を見つけたいと、私は真剣に考えるようになりました。

その思いがようやく実現したのは、一七年間の海外生活を終えて、日本に戻ってきてからです。文字通り「求めよ。さらば与えられん」です。法然上人が「声の力」によって深い宗教体験を繰り返していたことにヒントを得た私は、忙しい現代人向けに「声の力」を利用した瞑想法を試みることにしたのです。

しかし、念仏や題目がいかに優れたものであっても、そこには宗派色があり、誰もが実践できるものではありません。そこで私は、外国人でも知っている「ありがとう」という言葉を反復朗唱することを思いついたのです。結果的にその直観は、大正解だったと思います。

実際に老若男女の人たちと「ありがとう」の言葉を何度も繰り返し、ゆっくり唱えてみると、驚くようなことが起きてきました。まず、多くの人たちが朗唱中に涙を流したのです。それは悲しみや悔悟《かいご》の涙ではなく、感情を交えない透明な涙です。

それだけではなく、瞑想中に光を見たり、色を見たりする人たちも毎回のように出てきました。「ありがとう」を皆でゆっくりと唱えるだけで、なぜそういうことが起きるのか、当初はわからなかったのですが、その後、いろんな本を読み漁るうちに、私なりにその理由が見えてきました。

「ありがとう」の五音が含む母音を複数の人間が朗唱すると、倍音が自然発生します。倍音とは、素音《すおと》（加工していない生の音）と比べて整数倍の周波数をもつ音です。耳に心地よい歌声や木管楽器などの音は、たいてい倍音を含んでいます。森林や海岸のように人工的な音がない自然環境も、倍音に溢れています。

倍音は耳では聞こえない超音波を出しており、その振動が体の骨格を通じて、中枢神経に運ばれます。そうすると脳が反応して、松果体からオキシトシンやβ－エンドルフィンのような快楽物質が分泌されるようになり、脳波もふだんのβ波からα波に変わり、深いリラックス感を味わうことになります。

これだけの変化なら、美しい音楽にうっとりと耳を傾けたり、友達と美味しいものを食べながら楽しく語らったりするだけでも起きることです。しかし、意識を集中して「ありがとう」を一時間ほど唱え続けると、起きているのか寝ているのかわからないような状態になり、現場にはない楽器音が聞こえてきたりします。

いちばんポピュラーなのは、パイプオルガンです。まるで大聖堂にいるような感覚になります。その他、雅楽の笙《しょう》の音や鈴の音も、よく聞こえてきます。

楽器だけでなく、人の声も聞こえてきます。ソプラノの歌声、讃美歌、大勢の僧侶による読経の声などがよく報告されます。すべてそこには存在しない音声であり、一種の幻聴と言っていいでしょう。聴覚だけではなく、嗅覚にも変化が生じ、花の香りが漂ってきたりすることもあります。

幻聴よりも、よく起きるのは幻覚です。それは、眼を開いていても閉じていても起きます。まず、金・紫・緑・青・黄・ピンクなどの色を見る人がいます。それも波打つように現れたり、火花が散るように見えたりするのです。

色だけではなく、はっきりとしたイメージも目視されます。昔、自分が見た懐かしい風景だったり、子供の頃に世話になった人の顔だったりします。まったく忘却の彼方にあった風景や人物を思い出すのは、その人の個人無意識から浮かび上がってくる記憶なのではないかと私は考えています。

ただ、それらは自分が現実に体験したことを思い出しているだけですが、まったく非現実的なイメージが浮かび上がることもあります。たとえば、ずっと以前に亡くなった人が、自分のすぐ近くで立って微笑みかけているのを見たり、その人の体臭がしたりもするのです。**沈黙の坐禅で集中するには長期間の鍛錬が必要ですが、「声の力」の助けを得ると、比較的容易に無意識に下りていけるようです。**

こういう神秘体験は決して謎めいたものではありません。すべて脳内現象です。そして、特異な霊的体質の人だけに起きるわけではありません。誰にでも、瞑想なんか一度も体験したことがない人にも起きるのです。それだけ声がもつ倍音は深い意識に到達する機能を持っているのではないかと私は考えています。

さらに興味深いのは、瞑想後の体験談で、複数の人が同じ音を聞いたとか、同じイメージを見たと報告されることが多いことです。ある会場ではソプラノの声を聞いた人、また別な会場では青い色を見たという人が続出するのです。

いくぶん不思議な話に聞こえるかもしれませんが、これは、「意識の壁」が破れたときに起きる共時性（シンクロニシティ）に他なりません。私が瞑想前に、参加者に対して何かの音を聞いたり、イメージを見たりするように誘導することは決してありません。

むしろ瞑想の目的は無意識のクリーニングにあるので、神秘的体験をもつことを意図しないようにとアドバイスします。「無心無我」の境地に入るのが瞑想です。にもかかわらずこういうことが起きるというのは、無意識における心理的感染と判断せざるを得ないように思います。

心理的感染は深層意識で起きる

そもそも心理的感染とは何か、今ひとつわからないという方のために卑近な例を挙げてみます。

家庭や職場で近くにいる人がご機嫌なら、自分もご機嫌になりやすいし、その反対のケースもあるでしょう。家族の中に重度のうつ病の人がいたりすると、他の家族構成員も同じような症状を見せ始めることもあります。そのような場合、精神科医によっては、同時進行で家族のカウンセリングも行ったりします。

そうしたことは潜在意識や無意識のレベルで起きています。私の主宰する「ありがとう禅」で、同じ幻聴や幻覚が発生しやすくなるというと、実際に参加したことのない方にはいささか奇妙な話に聞こえるかもしれません。

しかし、参加者の意識が深まると、同じ脳内現象が共有され、同じような音やイメージが参加者の間に共有されることは、それほど不思議なことではありません。勘違いしてもらっては困るのですが、それらの幻聴や幻覚は決して病的なものではありません。

実際に瞑想後には、何とも言えない爽快感が伴います。ですから私は、そうした心理的感染は潜在意識の情念、さらには無意識の記憶のクリーニングのプロセスとして起きると解釈しています。そういう意味で、瞑想をグループで行う場合、志の高い仲間と一緒に実践することが望ましいのです。誰かがひどく落ち込んでいても、周囲の人たちの高い意識によって、おのずから心が明るくなるというようなことは、よくあることです。

催眠療法やカウンセリングを通じた「潜在意識のクリーニング」ということを耳にされたことのある方は多いかもしれません。「情念の意識」である潜在意識をクリーニングすることも、屈折した感情による内的扇動を受けないという意味では大切なことです。

しかし、私は潜在意識よりもさらに深いところにある「無意識のクリーニング」こそが、人の生き方を根本から変えていくように感じています。

人間心理の根元部分である無意識が歪んでいれば、その上位にある潜在意識も自我意識も歪み、自分の人生自体が大きく歪んでしまいます。繰り返しお話ししてきたことですが、私たちの内の個人無意識や普遍無意識には無限の記憶が保存されていて、それが私たちの運命を駆動しているところがあると私は考えています。

その記憶の中でも、**肯定的記憶は、私たちに揺るぎのない自信と尊厳をもたらしてくれます**。それは、過去から私たちに付与された貴重な精神遺産と言っていいでしょう。

ところが、否定的記憶は自我意識を通じて現実に投影され、私たちの意志とは別に、人生に次々と不要なトラブルを招いてしまいます。そのような記憶は消し去っておくに越したことはありません。潜在意識よりも深いところにある「無意識のクリーニング」は容易ではありませんが、その糸口になるのが、「懺悔《ざんげ》」と「感謝」です。

懺悔と感謝の大切さ

まず懺悔ですが、それは形だけの反省ではなく、自分の犯してきた罪を深く内省することです。罪といっても、そこには一切の宗教的意味合いはありません。「懺悔せよと言われても、自分がいったいどんな罪を犯したのか」と憤る人もいるかもしれません。

しかし、私たちが呼吸をして生きていること自体、無数の生命の犠牲の上に成り立っています。それは単に道徳的ではない存在論的な罪だと言えます。また、誰もが知らず知らずのうちに、人を裏切り、傷つけています。大小さまざまな嘘をつかない日というのは、ないのではないでしょうか。

いや、自分は誠実に生きてきたのでそんなことはないという人もいるかもしれませんが、失礼ながら、そんなことが言えるうちは、十分な内省ができていないように思われます。**懺悔というのは、個々の事象に対する反省というよりも、自己存在の根元的な罪への内省のこと**だと私は理解しています。かの親鸞聖人も、微塵の善も実行できない自分は地獄のほかに行き場がないと、若き日には大いに悲嘆に暮れました。

ご存じのように、親鸞の弟子の唯円が師の言葉として著した『歎異抄《たんにしょう》』には、「善人でさえ救われるのだから、悪人はなおさら救われる」という「悪人正機説」が説かれています。この場合の「悪人」とは、必ずしも悪事を働いた人間という意味ではありません。そうではなく、いつ悪を犯すかもしれない己の危うさに気づいている人間のことです。ですから、**自我意識でする反省と深層意識でする懺悔の間には、大きな隔たりがある**のです。

この悪人正機説を私なりに解釈するならば、「無意識との対話」を深め、十分に内省ができた人から阿弥陀如来は救済していくというのが、親鸞の考えだったのではないかと思うのです。一方で、自分のことを「善人」と思っている人は、まだ自我意識に心を占拠され、自分の真の姿が見えていないのかもしれません。

徹底した懺悔が体験されると、その後には必ず感謝の念が沸々と湧いてきます。「ありがとう」と「ごめんなさい」は、表裏一体です。ですから、自分は人によく「ありがとう」と言っていますと思っていても、それ以前に真摯な「ごめんなさい」がなければ、本物の感謝になっていない可能性があります。

無意識の記憶というのは、思い出そうとしても思い出されるものではありません。無意識に落ち込んだ記憶が自我意識に浮かび上がってくるのを待つしかありません。その**浮かび上がった記憶の一つひとつに「ありがとう」の言葉と共に、感謝の気持ちを向けることによって、無意識の否定的記憶は昇華されていくのではないか**と、私は考えています。

なぜそんなことが言えるのか。それは、そうすることによって、人々の生活が現実に好転していくからです。

世親が「アラヤ識は暴流のごとし」と言ったように、古来、無意識のエネルギーは圧倒的なものだと考えられてきましたし、私もそう感じています。

しかし、第4章でもお話しさせていただきましたが、それに抵抗することはできなくても、そのエネルギーの方向を破壊的なものから創造的なものへと転換していくことにおいて、私たちは主体性をもっています。その主体性のキーとなるのが、感謝の念に他ならないのではないかと思うのです。

瞑想中には「意識の壁」が緩み、すっかり忘れていたはずの過去のつらい出来事が思い出されて、突如として抑えがたい怒りや悲しみがこみ上げてくることがあります。

そういう過去の出来事にすら、「ありがとう」の言葉と共に心から感謝できるのなら、その記憶は否定的なエネルギーを失効するはずです。それができてこそ、「無意識のクリーニング」が実現したと言えます。

最後に訪れる希望と喜び

懺悔と感謝の次にやってくる心理は、希望と喜びです。深い闇夜の後に、東の空から昇ってくる太陽のような喜びの感情です。おそらくその正体は「光の意識」ですが、それは向こうから一方的に、しかも圧倒的な勢いでやってくる感情と言えます。

「無意識との対話」という冒険旅行も、ここにまでたどり着いてこそ報われます。人生をどういう形で終えるか。これは世間的な評価とはまったく別に、私たち一人ひとりが内面世界で向き合わざるを得ない最後の課題です。それを希望と喜びに満ちて迎えることができるのなら、人間として最高の幸せではないでしょうか。

何歳になっても未来に向けて前向きに生きている人は、最期までイキイキとしています。「自分はもう定年退職して久しいので、何もすることがない。できれば、早くお迎えに来てほしい」などと口にすることは、人間としての尊厳を損ねるものです。

もう一度、強調しておきますが、**無意識は自他の境界線をやすやすと越えてしまいます。したがって、自分の無意識をクリーニングするということは、自分の運命のみならず、家族や子孫の運命をも好転させることにつながっていきます。**

ですから、一日でも長生きして、「無意識のクリーニング」という重大使命を果たす責任が誰にでも与えられているのです。

死がいよいよ迫ってきたとき、私たちの意識は朦朧《もうろう》としてくるはずです。そのとき、にっこりと笑い、見送る人たちに「ありがとう」という言葉を残せるのか。それは、私たちの日々の意識の持ち方にかかっています。

「ごめんなさい。ありがとう」は、どこに出かけることもなく、今この瞬間から実践できる「無意識のクリーニング」ではないでしょうか。

懺悔と感謝が創造的前進につながる

もし私たちが特定の人物に対して強い反感を抱き続けているとしたら、苦しいのはその人物よりも、自分自身です。他者を許し、他者を認めるまで、その否定的な感情は解放されずに、自分の人生を歪めてしまいます。

広島の平和記念公園には、「安らかに眠って下さい。過ちは繰返しませぬから」と刻まれた原爆死没者慰霊碑が立っていますが、戦争とは人類の過ちです。集団的狂気を伴った戦闘の中で、幾多の残虐行為があったとしたら、それは人間としての罪です。それが日本人の責任かどうかという議論に横滑りしてしまうと、すぐに政治問題化され、国民的内省の機会を失ってしまいます。

歴史を学ぶということは、矛盾に満ちた人間の営為を知ることです。他者が犯した蛮行であっても、自分の中の矛盾を見つめなおす機会になり得ます。他国民だけではなく、日本の長い歴史の中では、南西諸島やアイヌの人々への暴力や抑圧も存在しました。近代史の中でも、中国人や在日朝鮮・韓国人への差別、部落民への差別、ハンセン病患者への差別など、多くの間違いを犯してきました。

もちろん、そういう状況を許してきた日本政府にも責任がありますが、それは総じて国民の錯誤であり、人間としての罪ではないでしょうか。その罪を認め、深く反省することにより、普遍無意識の否定的記憶が薄らいでいくのではないかと、私は思います。

とりわけ歴史的に同じような文化的価値観を共有し、何よりも勤勉を美徳としてきた東アジアの人々が反目し合うというのは、人類の損失でもあります。

この状況を改善するのは、当事国の国民レベルでの「懺悔と感謝」です。被害者・加害者の立場を越えて、人間としての愚かさを懺悔することから、普遍無意識のクリーニングが始まるのだと思います。そしてその懺悔を出発点として、今、自分が置かれている境遇を感謝するに至れば、そのクリーニングがさらに進むのではないでしょうか。

こういうことは「急がば回れ」で、やはり若い世代の教育から始めるのが、最も生産的で現実的です。そのためにも、日本・中国・韓国のそれぞれの国に、高次元の教育が必要です。悲劇的事象は存在しましたが、それ以上に友好的な交流によってアジア文明が構築されてきた歴史的事実を若者に伝えないのは、大きな教育的過失です。

次世代の社会を牽引する人たちが、過去の肯定的記憶を選び出し、それをバネにして、アジアの未来を構築してほしいものです。

ストレスと無意識

ここで身近な話に戻ると、無意識を浄化することは、健康増進にも大きく関わってきます。まず、「ストレスと無意識」について考えてみます。

たとえば、ふだんから肩こりに悩む人は多く、街のマッサージ店は大はやりです。「肩がこった」としきりに口にしているうちはまだいいのですが、それが慢性的になると自覚症状がありません。岩のように硬く固まってしまった肩こりをもったまま生活している人もいます。その執拗な凝りをほぐすには、適正な運動やマッサージを根気よく続けることが効果的ですが、それと同じことが精神的ストレスにも言えます。

ストレスとは、身体機能を自動調整するホメオスターシス（恒常性機能）に障害が生じるような刺激のことです。ホメオスターシスのおかげで、私たちの身体はホルモンを分泌したり、血流を上げたり、体温を調整したりして、バランスを保とうとします。これも「無意識の力」が肉体に働きかけてくれているおかげです。激しい怒りや悲しみ、心理的不安、精神的動揺などがストレスとなって、その機能に異常をきたすわけです。

いつの時代に生きていても、人間社会はストレスだらけです。人間関係だけではなく、都会で生活を送っていると大気汚染や騒音など、さまざまな環境ストレスを受けます。とくに車や鉄道、あるいは電化製品からくる低周波の騒音は、知らないうちに人を苛立たせ、心の落ち着きを奪ってしまうこともあるのではないでしょうか。

ましてや、交通手段やITインフラのすべてが加速度的に高速化している文明社会では、自分一人だけがのんびり暮らすことなど非常に困難であり、まともな神経を持っている人ほど、ストレスを増やすことになります。

二〇一三年のNHKスペシャル『病の起源』でも紹介されていましたが、うつ病は海馬に隣接している扁桃体の過剰反応が一因となっているといいます。競争社会で強いストレスを受け続けると扁桃体が過敏になるようですが、近代文明の影響が少なく、濃厚な人間的互助関係を保っている先住民社会では、うつ病が発症しにくいという報告があります。

ストレスが増えると交感神経が刺激され、血圧が異常に上がったりします。さらに副腎皮質ホルモンも増えるので、コレステロール濃度が高まり、心筋梗塞などの循環器系疾患を発症する率が高まるようです。ストレスという厄病神を追放できれば、世界の医療費がどれだけ削減できることかと考えてしまいます。

何かとストレスを受けやすい現代社会ですが、ストレスの原因が何であれ、それを自覚し、自分に合った方法で対処しているなら、健康被害はありません。スポーツや音楽、友人との語らいなど、ストレス発散にとても効果的です。「情念の意識」である潜在意識のレベルで、ストレスが消えてしまうのでしょう。

しかし、そのストレスを飲酒、喫煙、大食などでごまかしていると、睡眠不足や肥満という症状が現れ、やがて生活習慣病にかかる可能性が大きくなります。最近、お酒やタバコの量がむやみと増えた、食事の量が異常に増えた、あるいは減ったという場合は、ストレスの黄色信号が灯っていると考えていいでしょう。ギャンブルや薬物の依存症ともなれば、完全な赤信号であり、早急に専門家に相談すべきです。

とくに、つねに野心的で短期間に大量の仕事をこなしても疲れを知らない頑張り屋さんは、性格的に「タイプA」と呼ばれているのですが、こういう人は自覚されないストレスが相当溜まっている可能性があります。

「タイプA」の人には、蓄積されたストレスが、ある日突然、循環器系の疾患となって現れるケースが少なくないと報告されていますから、用心が必要です。

いくら努力しても報われない、将来に希望が持てないなどの悲観的な考えを持っている人も、ストレスの犠牲となり、死亡率が高いことも判明しています。となれば、何事も無理をせず、親しい人と穏やかに暮らし、日々心から幸せを感じる生活が健康法として最も理想的のようです。

ストレスは、さまざまな肉体的疾患だけではなく、心の病とも深い関係を持っています。**自我意識レベルで発生するストレスが、潜在意識から無意識に落ち込んでいくと、精神疾患の原因になる可能性があります**。うつ病、不安障害、強迫性障害、適応障害、心的外傷後ストレス障害（ＰＴＳＤ）などが典型的な精神症状ですが、そこから長年抜け出せないで苦しんでいる人も多くおられます。

さらに、いったん病気にかかってしまうと、病気自体がストレスになってしまい、ストレス→病気→ストレスという悪循環に陥ってしまいます。

しかし、人生の問題に最終的な解決をもたらすのは、自分自身以外にありません。自分なりの方法で「無意識との対話」を開始し、それを根気よく続けていくなら、問題解決の糸口が見つかり、自分を良き方向へと導いてくれるはずだと私は考えています。

今、何かの悩みを抱えている人は、第2章でご紹介した、盤珪さんの「仏心は不生であり、霊明なものだから、それだけで、すべてのことがうまくいく」という言葉を思い出してみてください。

ストレスの大きな原因の一つが、他者との比較によるコンプレックスです。人と比べて、才能がない、収入が少ないなどの不満がストレスになってしまうわけです。

精神医学では劣等コンプレックスのみならず、エディプス・コンプレックス、去勢コンプレックス、マザー・コンプレックス、ロリータ・コンプレックスなど、実に多くの分類がありますが、相対的思考は自我意識、あるいは潜在意識レベルで起きることであり、無意識まで下がっていけば、そんなネガティブな考え方に少しずつ邪魔されなくなるのではないかと思います。

無意識は比較を絶する世界です。無意識を浄化すると、おのずから相対的思考が消えていき、ありのままの自分を気持ちよく受け入れられるようになるのです。

脳腸相関――頭と腸はつながっている?

次に、お腹の中の「腸」の話をします。無意識と腸に何の関係があるのかと、不審に思われる方も多くおられるでしょうけど、これはどうしても避けて通れないテーマです。

意外に思われるでしょうが、人間の腸と心は密接につながっています。腸は体内で最大のリンパ組織として、人間がもつ免疫機能の六割が集約されています。それは「腸管免疫」と呼ばれています。さらに腸は最大の末梢神経組織であり、内臓機能をコントロールするホルモン生産器官でもあります。そのような働きをもつ腸は、つねに脳と情報を交換し合っています。

実際に最近のストレス研究では、「脳腸相関」という概念も使われるほど、両者の間には、生理的相関関係が存在することが明らかになりつつあります。

何かに不安を覚えたりすると、すぐに下痢をしたり便秘になったりするのも、そのためです。下痢や便秘は意識的にコントロールできるものではなく、無意識のうちに起きることです。長期間にわたって不安や心配事を抱えると、知らない間に十二指腸潰瘍になったりもするようです。それほど、心と腸は隣り合わせなのです。

面白いことに、「腸」や「腹」という漢字を使った慣用句の大半が、人間の心理状態を表現しています。私たちが極端に不本意な目に遭ったときは、「断腸の思い」と言います。腸がちぎれるほどの口惜しさや悲しさがこみ上げてくるわけです。

「腸《はらわた》が煮えくり返る」というのは、お腹の中が沸騰するほどの激しい怒りです。「腹黒い人」というのは、単に心が汚いというだけでは済まないほど、性格が曲がっている人のことです。

他にも、「腹を立てる」「腹を決める」「腹が大きい」「腹が据わる」「腹が太い」「腹に一物」「腹に収める」「腹に落ちる」「腹に据えかねる」「腹を括る」「腹を探る」「腹を読む」「腹を割る」「腹の虫がおさまらない」など、実に多くの慣用句がありますが、いずれも人間の深層心理に関わる表現です。

昔の日本人は、無意識という概念を持たなかった代わりに、人間の心のいちばん深いところを「腸」や「腹」という言葉で表現しようとしたのかもしれません。

一日に一度ぐらい「腹を抱えて笑う」ことがあれば、無意識もクリーニングされて、ストレス・フリーの暮らしができるのではないでしょうか。「笑いのヨガ」が世界中で人気なのも、笑いがもたらす大きな効果を多くの人々が実感しているからに違いありません。

そんな大切な腸を私たちは、食べ過ぎや飲み過ぎで酷使していないでしょうか。暴飲暴食してしまうと、腸が十分な機能を果たさず、便秘気味になります。そうなると、腸内の毛細血管が毒素や老廃物を吸い上げてしまい、血が濁り、血流も滞ります。「血液サラサラ」が健康の元なら、「血液ドロドロ」は万病の元です。

ふだんから必要以上に食べていると生活習慣病にかかりやすいのも、結局は腸の機能が狂い、血液のクオリティが劣化するからです。東洋医学では、「万病一元、血液の汚れから生ず」と伝えられてきました。

「脳と声と腸の三位一体」説

私は長年、「声の力」を利用した瞑想法によって「無意識のクリーニング」を試みてきましたが、さらにその効果を大きくするために、あるときから「腸の力」も取り入れることにしました。それが、週末を利用した「プチ断食」です。

断食というと、驚かれる方が多いことでしょう。現代人は断食と無縁です。断食をすると、当然のことながら、最初は空腹感に苦しみます。しかし、セミナーを主宰している身として私が思うのは、二日目、三日目あたりから、参加者の顔が明るくなってくるということです。

それは「ありがとう禅」の倍音効果が影響していることが一因にあるのかもしれませんが、断食による腸内環境の変化も大きいのではないかと考えています。

これはあくまで仮説ではありますが、一時的に断食をすることによって体内にケトン体が増加することが、脳内に何らかの影響を与えている可能性があります。食物を口から入れなくなるとブドウ糖の供給がなくなるため、代わりに脂肪が燃焼し、ケトン体がエネルギー源となります。従来の医学では、ケトン体は糖尿病につながる悪者と思われていました。今でもその誤解は根強いようです。

しかし最近になって、さまざまな病気予防に役立つという説も唱えられています。さらなる研究の成果が待たれるところです。

私のセミナーでは、断食中に手作り酵素ジュースを飲み、断食明けに野菜サラダを食べていただくことによって、参加者ほぼ全員が宿便（腸内に溜まった毒素や老廃物）を排泄します。その際、大量の梅湯も飲んでもらいますので、宿便は下痢状になって排泄されます。しかし、たったそれだけのことで、参加者の身心に大きな変化が生じるのです。

まず体が軽くなったような感覚を受けます。そして表情がとても明るくなるのです。私は自分の経験から、どうやら宿便を排泄することは無意識の否定的記憶の排泄にも関連しているように思えてなりません。なぜなら、この体験をきっかけに積極的で前向きな性格になっていかれる人たちが少なからずおられるからです。

古人が深層意識を表す言葉として「腸」を多用していたことが、私は今さらながらに頷《うなず》けます。週末だけのプチ断食で「ありがとう」を朗唱するだけなのに、長期にわたってうつ病やパニック症に苦しんでいた人たちも、目に見えて明るくなっていかれるのを数限りなく目撃してきた私は、「脳と声と腸の三位一体」説を唱えたいとさえ考えるようになりました。

食生活で運命を変える

拙著『人の運は「少食」にあり』でも紹介したことですが、江戸時代に水野南北《みずのなんぼく》という易者がいました。当時、運命鑑定において、南北の右に出る者がいないと目され、門前市をなすほどの人物だったようです。そんな彼が晩年に至って、運命鑑定よりも、訪れてくる人の食事内容を重要視し始めたのです。

強運の持ち主であっても不運に見舞われる者もあれば、反対に弱運の持ち主でも幸運に恵まれる者がいる。その原因が食生活にあることを、人一倍研究熱心だった彼は突き止めたようです。

つまり、贅沢なものをふんだんに食べていれば、人間本来の徳を損ね、必ず衰運となり、粗食を少しだけ食べている者は陰徳を積むことにより、やがて強運になっていくと南北は考えたのでした。以来、彼は客が来ても、手相や人相を観ることよりも、食事のアドバイスをするようになったのです。

これは、とても興味深いことです。私は今まで、無意識のかじ取りはできても、それを完全にコントロールすることは不可能に近いと主張してきました。しかし、水野南北の意見を受け入れるならば、少食にするだけで、無意識の記憶が昇華されることになります。

少食だとケトン体も増え、腸内酵素のバランスも整うので、少なくとも健康増進には貢献してくれるはずだと私は考えます。しかし、運命まで左右することをどう証明すればよいのでしょうか。豊富な鑑定体験から、水野南北は自説の正当性を確信していましたが、科学的エビデンスはありません。

しかし、あえて「脳腸相関」という観点から考え直してみるならば、腸内環境が整うことによって思考回路が明晰になり、その結果、チャンスを逃さない人間へと向上していくことは、もしかしたらあり得る話かもしれません。

「無意識との対話」といえば、特殊な心理療法でもするのかと思われた方もおられるのかもしれませんが、実はそれが日常の食生活から始まることを、ここで強く訴えておきたいと思います。

第7章

「祈りの力」を考える

祈りは届くのか

祈りは、人類最古の宗教です。言語を持っていなかった時代の人類でも、祈ることは知っていたはずです。

イラクで発掘されたネアンデルタール人の墓に、洞窟内で咲くはずのない花の花粉が見つかったのも、七万年前に人々が死者のために祈った証しではないかと推測されています。今でも自分、あるいは愛する人の命が危うくなるような目に遭えば、誰だって祈らざるを得ないと思います。

現代においては、宗教なんか大嫌いという人も、商売繁盛や病気平癒のためなら祈りの心をもつでしょう。古代神話なんかにはまったく無関心なはずの日本人が、初詣《はつもうで》ともなれば何百万人もの人が各地の神社に押しかけて、年頭の祈願をするのも、不思議な現象です。

どんな理由にせよ、必死の思いに駆られたとき、人間は祈るようになっているのです。しかし、その祈りにどこまで効力があるのか、ということになれば、誰もあまり自信がないでしょう。たとえば、世界中で平和を祈る人は無数にいるはずだのに、各地で戦争や紛争が終わる気配はありません。

祈り。これほど単純で力強く、しかもこれほど曖昧なものはありません。この祈りが、ほんとうに叶うには、どうすればいいのでしょうか。

ここでまた私論を述べさせていただくならば、私は人間の意識が五層構造になっているように、祈りには五種類あると考えています。つまり、自我意識の祈り、潜在意識の祈り、個人無意識の祈り、普遍無意識の祈り、そして「光の意識」の祈りです。

自我意識の祈りは、私たちが心のいちばん浅いところで祈る祈りで、ああなってほしい、こうなってほしいと願う気持ちのことです。誰にだってそうした思いはあるでしょう。

しかし、それが叶うことはなかなかありません。ただ祈るだけで願いが叶うならば、私たちの人生はじつに単純なものになるでしょうが、なぜそうした祈りが現実を動かさないのかを私なりに考察してみるならば、それは自我意識という表層の意識に留まっていて実体のない祈りだから、ということが言えるのではないかと思います。

ただ、たとえば中世社会では「呪い」ということが人間社会のある種の常識となっていました。日本でも、たとえば「生霊《いきりょう》」の存在が、『源氏物語』などの古い物語に活写されています。それは、人間の非常に強い思いが現実を何らかの形で動かすことが示唆されているということです。呪いや生霊などといったものは憎しみの感情によるものですが、「願う」という意味では、それもまた祈りの一種です。

私はそうした現実の世界に何らかの変化をもたらす祈りは、潜在意識の祈りだと思っています。平安時代の密教僧の役割の一つも、呪詛《じゅそ》でした。彼らの祈禱《きとう》力を借りて、貴族たちは朝廷での栄達を図ったのです。現代でもバリ島やアフリカなど海外の一部地域では民族的風習として、呪いが横行しています。

呪うという行為は、人間としてはとても不幸なことです。「人を呪わば穴二つ」と言われますが、これを私なりに解釈するなら、潜在意識の否定的情念が呪った相手にだけではなく、自分自身にも投影され、否定的現象が自分の身の上にも起きてくるから、そうしたことが言われてきたのではないかと思っています。

もちろん、逆もまた真なりです。他者の幸せを真剣に祈ってあげると、その肯定的情念が自分の身の上にも投影されて、自分もまた幸せに近づくことになるかもしれません。しかもこのことは最近になって、大脳生理学的にも少しずつ実証されるようになってきました。

ウィスコンシン医科大学教授の高橋徳《たかはしとく》医師が書いた『人は愛することで健康になれる』によれば、人に親切にしたり、人の幸せを祈ったりすれば、脳内物質であるオキシトシンが増えます。このオキシトシンは「愛のホルモン」と呼ばれ、これが増えれば、自分自身が幸せな気持ちになってくるのです。免疫性も高くなり、病気にかかりにくくなるという研究結果もあるほどです。

古来「情けは人のためならず」と言われてきたように、利他的な行為に対して、ずいぶんたくさんのお返しが頂けることが、科学的にも明らかになりつつあるのです。

思い続けた祈りは「個人無意識の祈り」となる

潜在意識の祈りよりもさらにパワフルなのは、個人無意識の祈りだと私は考えます。心の深いところで祈る。それは一つの願いを何か月も、何年も諦めずに抱き続けたときに可能となります。宗教なんかにまったく関心がなくても、プロのサッカー選手になりたいとか、人気女優になりたいとか、少年少女でもそういう願望があるはずです。それは浅はかな願望というよりも、それをどこまで強く抱き続けるかによって、彼らの未来が決まるような気がしてなりません。

イチロー氏は、小学校の卒業文集で「僕は絶対にプロ野球選手になる」と宣言し、ドラフトで入団したいチーム名や契約金の金額まで書いていたといいますが、そういう強い願望があってこそ、世界のイチローになり得たのではないかと思います。

自我意識で思いついたことであっても、長年真剣に思い続けると、それが潜在意識の祈りとなり、やがて個人無意識の祈りとなるのではないでしょうか。そうすると、無意識のエネルギーが動き出し、その思いを現実に投影し始めるのです。

なんだか怪しい話に聞こえるぞと思われる方もいるかもしれませんが、恐らく社会の第一線で活躍しておられる方の大多数が、この事実に賛同されるのではないかと思います。

「真剣に祈る」ということが身に付けば、成功は才能や知能指数の問題ではなくなります。学歴や資産とは無関係に、自分が心から願ったことが実現してくる不思議さを体験したことがない人は、まことに世知辛い世界に生きていることになります。自分が成功できない理由は、自分の外側にあるわけではありません。それはつねに自分の内側にあるのです。

自分の願望が深く強くなれば、それが自分にとってのベストな宗教になります。無意識の力強さを私たち一人ひとりが現実生活の中で納得していくこと、それが生きがいというものかもしれません。

宗教家の祈りの力

世界には無数の宗教儀礼が存在しますが、そのすべてが祈りの形といっていいでしょう。古代の人々は山頂や海辺、洞窟の中、大樹や大滝、焚《た》き火の前などで祈っていました。神と人間をつないでくれるのは自然であると考えていたからです。そういう儀礼において、シャーマンの役割は「トランス状態」に入って、超自然的なメッセージを降ろしてくることでした。

トランスというのは、潜在意識や個人無意識に入っていくことだと私は解釈していますが、そこで他者の心を読むような行為が可能になるわけです。ただ、トランスは「巫病《ふびょう》」と呼ばれることもあるように、一種の異常な精神状態です。ですから彼らが口にする言葉がすべて信頼に足りるものとはかぎりません。

中世になると、教会や寺院といった宗教施設が出現し、人々は建物の中で祈るようになりました。そのおかげで、より洗練された芸術性の高い祈りの形態が生まれました。キリスト教会では、荘厳な礼拝堂に乳香が焚かれ、讃美歌やパイプオルガンが演奏されて、演出効果抜群の祈りの場が作られたのです。仏教寺院なら、美しいお堂の中で沈香《じんこう》や白檀《びゃくだん》などの香を焚き、読経や鐘など、人々を軽いトランス状態に誘導するような仕掛けが工夫されるようになりました。

ギリシア正教では、「主、憐れめよ（キリエ・エレイソン）」というイエスの祈りを特別な体位と呼吸法で唱え、祈りの中で神の光を見ることを重視しました。ギリシアのアトス半島には、ほぼ独立した自治修道士共和国が存在しますが、外部とは隔絶した修道院群において、そのような祈りが今も実践されています。

イスラム教のスーフィー（スーフィズムと呼ばれるイスラム神秘主義の信奉者）たちは、旋回舞踏といって、片足を軸にして長時間回転しながら祈ります。身体運動を伴ったほうが、意識の深化が促進されるからです。またスーフィーはズィクルと言って、過呼吸症を誘引するような特殊な呼吸法をしながら、アッラーの名前を連唱する祈りの中で、内面的な光に遭遇した人を「光の人」と呼びます。これは、まさに「光の意識」に到達した人のことではないかと私は思います。

残念ながら、私たち現代人は本来の意味での祈りを失ってしまったようです。「そんな曖昧なことをしても、実現するかどうかわからない」という実証主義的なマインドが、祈りを拒否しているのです。

　真剣な祈りを知らないということは、宗教を失ったということでもあります。日本では自殺者は減少傾向にあるとはいえ、毎年二万人以上の人たちがみずから命を絶っています。社会学的な分析をすれば、経済的困窮や病気、人間関係のもつれなどに、その原因が集中するのかもしれませんが、私は「祈りの喪失」に最大要因があるように思います。**絶望的な状況にあっても、祈ることを知っていれば、一縷《いちる》の望みが残ります。そして祈り続ければ、必ず現状打破できるはずなのです。**人間として祈りの力を知っているということは、人生の大切な局面で大きくものをいうと、私自身のこれまでの経験からそう思えてなりません。

　先にも述べましたが、祈りを失った現代日本人も何か現実的な願い事があると、お寺や神社に参ったりします。商売繁盛から始まって、合格祈願、縁結び、子授け、病気全快など、人はさまざまな願い事を胸に抱きながら、神社仏閣に足を運びます。いずれもまことに人間的な願いですが、晴れて祈願が成就したという人もいれば、まったく効果がなかったという人もいるでしょう。それは確率の問題なので、当然の結果だとも言えます。

　しかし、僧侶や神官に祈願してもらう場合、その祈りをする当事者が、宗教儀礼を営む中で意識を鋭く集中して、祈願を依頼する者と依頼される者の共通基盤となる無意識にまで降りていけたなら、その祈願が現実に投影される可能性が高まるのではないかと、私は考えています。ただし、祈りを依頼する者も依頼される者も、誠実かつ真摯な態度で臨む必要があります。そこに我欲が入ってしまうと、祈りの劣化が起きます。

このことは、先祖供養についても言えるのではないでしょうか。宗教に疎い日本人も、先祖供養となれば、律儀に仏壇にお供えを上げたり、故人の命日に墓参りをしたりします。拙著『死者は生きている――「見えざるもの」と私たちの幸福』にも書いたことですが、私は人間の「死」を最終的訣別と考えるのは、自我意識だけではないかと考えています。つまり、無意識においては生死の壁もなくなるということです。

そう考えると、無意識の世界では、死者ともつながることさえできるのではないかと思うのです。すでに亡くなった家族や友人が私たちを見守ってくれていることは、深い祈りの中でのみ実感できることです。

お坊さんに供養してもらうのも、本来は彼らが読経を通じて無意識まで降りていき、そこで亡者と生者を結び合わせることができたからです。それができない供養は、形式にしか過ぎません。親しい人を亡くして深い悲しみに陥っている人は、ぜひ「無意識との対話」を始めてみてください。亡者との強い絆を感じる瞬間があるはずです。

「普遍無意識の祈り」が力を発揮するとき

個人無意識からさらに一段下りて、普遍無意識で祈るということは、日常的にはあまりありません。

オリンピックなどで自国チームにぜひ勝ってほしい、あるいは戦争で自国の軍隊に勝ってほしいと国民の圧倒的多数が願うとき、集団的な祈りになっているのかもしれませんが、勝ち負けにこだわっているかぎり、それが普遍無意識の祈りと言えるのかどうか疑問に思います。第一、勝負には必ず勝者と敗者があるわけですから、集団的に祈っても、その祈りがつねに叶えられるわけではありません。

普遍無意識の祈りが、その実力を発揮するときは、人類全体の向上や平和に役立つことを祈るときではないかと思われます。人類はつねに進化したい、より幸福になりたいと願ってきたはずです。

「昔のほうがよかった」と私たちはよく口にしますが、もし本当に何十年か昔に戻ることができたら、生活の不便さや栄養不足、民主的ではない社会の不平等さなどに悲鳴を上げてしまうかもしれません。

人類が漠然とした向上心を普遍無意識の祈りとして共有してきたからこそ、古代から中世へ、中世から近代への発展が可能になったのではないでしょうか。

日本人は平和ボケしているとよく言われますが、そんな揶揄をされるほど国民が穏やかな気持ちで暮らせることは、何にも増して幸せなことです。

それにしても日本は第二次世界大戦で、あまりにも多くのものを失ってしまいました。二度と同じ間違いを犯さないために、国民が心にスキを作ることなく、高い意識を持ち続けることを祈るばかりです。

そんな日本に暮らしていると想像できないことですが、今も紛争地域に二三億三〇〇〇万人が住んでおり、世界人口の三人に一人は戦禍に巻きこまれていると言われています。イスラエルと周辺国の紛争などは旧約聖書の時代から何千年も続いており、やはり同じ中東地域にあるシリアやイラクの内戦などは、解決の目途が立っていません。

国連が働きかけても、各国首脳が頻繁に集まって会議を開いても、その悲劇的惨状を止めることができないのは、単刀直入に言えば国際外交は自我意識での営為であり、人間の闘争本能が蠢《うごめ》いている普遍無意識にまで影響を及ぼすことができないからだと思います。

禅語である「隔靴掻痒《かっかそうよう》」とは、靴の上から足を掻《か》いて痒《かゆ》みを止めようとするような愚行を意味しますが、それと同じことを国際政治の舞台で繰り返していると言えます。

強大な軍事力をもつ先進国の首脳が集まっても紛争を止めることができないのは、原因が人類の普遍無意識に蓄積されている否定的記憶にあるからではないかと思います。個人無意識の記憶ですら、それをクリーニングするのは至難の業なのに、普遍無意識の記憶となれば、手の施しようがないと言ってもいいぐらいです。


私自身も一人の非力な宗教学者として、数え切れないくらいの国際会議に出席して、宗教の相互理解や文明間の対話をテーマに各国の有識者と意見を交わしてきました。

しかし、いくら華々しく国際会議を開いても、人類社会の状況は何も改善していません。イスラム教過激派組織のＩＳは、残忍なテロ行為を世界各地で展開しています。真に宗教間の和解が実現していれば、そんな事件は起きないはずです。

インテリが頭の先で思いついたようなアイデアをいくら語っても、人類社会は少しも平和に近づかないのです。人間が殺し合いをすることによって、自分の立場が有利になったり、お金が儲かったりする人たちも存在します。政府と軍と武器商人の三者の切っても切れない関係は、どこの国においても長い歴史をもっています。そういう闇勢力のエネルギーが削がれない限り、平和は絵空事で終わります。

では、どうすればいいのでしょうか。それは、世界中の人々が本心から平和を願うしかありません。広島や長崎で被爆された人たちは、原爆の惨《むご》さを直接体験しておられますから、核兵器廃絶への思いは真剣です。その人たちにとって、それは政治問題ではなく、魂の奥底からの叫び声であるはずです。

『維摩《ゆいま》経』に「衆生病む。ゆえに我病む」という維摩居士《こじ》の言葉がありますが、それほど他者との強い一体感が獲得されたときこそ、普遍無意識の祈りが成立するのではないでしょうか。

ですから、人類の大多数が他者への慈しみの情を抱き、心から平和を祈ったとき、いつか戦争のない人類社会が実現することも不可能ではないと私は思っています。

今は残念ながら、いずれの国の国民も仮想敵国を設けたり、特定の民族や宗教教団を敵視したりして、人類普遍の精神が低レベルにあるので、とうてい戦争や紛争を止めることはできないでしょう。一日も早く人類が「闇の意識」から目覚めることを祈ります。

利他の精神から生まれる「光の祈り」

私は、人間の究極的な祈りは「光の意識」の祈りではないかと考えています。これは、神と同位置にいて祈るようなものですが、まことに尊い祈りであるがゆえに、私は「光の祈り」と呼んでいます。

私の知人の中にも、自分の祈ったことが次々と実現していくという人が稀にいますが、「光の祈り」ができているのかもしれません。そういう人たちは、決まって無欲で、他者のために尽くしています。やはり利他の精神がいちばん「光の意識」に近づけてくれるのです。

利他の祈りとして最もよく知られているのが、アッシジの聖フランチェスコに由来するとされる『平和の祈り』です。

主よ、わたしをあなたの平和の道具とさせてください。
わたしに　もたらさせてください……

憎しみのあるところに愛を、
罪のあるところに赦しを、
争いのあるところに一致を、
誤りのあるところに真理を、
疑いのあるところに信仰を、
絶望のあるところに希望を、
闇のあるところに光を、
悲しみのあるところには喜びを。

ああ、主よ、わたしに求めさせてください……
慰められるよりも慰めることを、
理解されるよりも理解することを、
愛されるよりも愛することを。

人は自分を捨ててこそ、それを受け、
自分を忘れてこそ、自分を見いだし、

赦してこそ、赦され、
死んでこそ、永遠の命に復活するからです。

（石井健吾編訳『フランシスコの祈り』）

これがまさしく、私の言う「光の祈り」と言っていいでしょう。誰もがこういう気持ちで、今日一日を過ごすことができたなら、どこにも戦争は起きないはずです。この『平和の祈り』をこよなく愛したマザー・テレサにも、「解放」という名がついた祈りがあります。

イエスよ、わたしを解放してください。
愛されたいという思いから、評価されたいという思いから、
重んじられたいという思いから、ほめられたいという思いから、
好まれたいという思いから、相談されたいという思いから、
認められたいという思いから、有名になりたいという思いから、
侮辱されることへの恐れから、見下されることへの恐れから、
非難される苦しみへの恐れから、中傷されることへの恐れから、
忘れられることへの恐れから、誤解されることへの恐れから、

からかわれることへの恐れから、疑われることへの恐れから。

（マザー・テレサ『聖なる者となりなさい――マザー・テレサの生き方』）

苦悩からの「解放」も、このような深い祈りから始まるのです。マザー・テレサは、カルカッタの路上で誰からも見捨てられ、やがて死にゆく人々を自分のところに連れ帰り、介護しました。私も「死を待つ人々の家」で、三日間だけでしたがボランティアをしたことがあるのでわかるのですが、地上で最も混沌とした都市の一つであるカルカッタで、ホームレスの人々に仕えたマザー・テレサは、一人ひとりの人間にイエスを見ていたのです。

「光の祈り」は、つねに行動を伴っています。京都学派の創始者として知られる西田幾多郎の、いわゆる西田哲学には「行為的直観」という難解な哲学的概念がありますが、これを平たく言えば、祈りながら行動し、行動しながら祈ることです。別に宗教とは何の関係も持たなくても、自分の職業や日々の活動を通じて、他者のために尽くすことができるのなら、そこに「光の祈り」が実現しているのです。

次の誰もが知る童謡もまた、それを体現しているように思えてなりません。

かあさんは　夜なべをして　手ぶくろ　編んでくれた
こがらし吹いちゃ　つめたかろうて　せっせと編んだだよ
故郷《ふるさと》のたよりはとどく　いろりのにおいがした

JASRAC 出 1912760-901

わが子のために「手袋を編む」という行為に、利他の祈りが実現しています。この『かあさんの歌』（窪田聡作詞・作曲）にあるような母性愛が、どの家庭にも満ち溢れるとき、私たちはもっと穏やかで、もっと幸せに満ちた社会を再構築しているはずです。

手袋を編む母親のように、利他的な行為は多くの人がすでに実践していることです。料理人が創意工夫して美味しいものを調理し、お客さんに幸せを感じてほしいと願うのも、公共輸送でお客さんを安全かつ迅速に目的地まで届けたいと願うのもそうです。

工場で大量生産される製品ですら、少しでも社会に役立ってほしいという誠実な気持ちで作られているのなら、そこに「光の祈り」が実現していると私は思います。次世代の近代産業に必要なのは、祈りの心です。そして、日常生活における「光の祈り」を国民全体が、もう少し明確に自覚すれば、世の中がもっと暮らしやすくなるはずだと、私は強く信じています。

第8章

日本人が誇りとする「結び」の思想

日本精神文化の核心にあるもの

ここまで、私たちの内にある無意識とは何か、そしてその無意識と対話するためにはどのような心構えが必要なのかを私なりに考えてきました。心理学者のユングがまさに指摘していたように、「みずからの内なる動物とより良い関係をもつ」、私なりに言えば意識と無意識とを結び合わせることができれば、私たちはもっと楽に、創造的な人生を送れるということを繰り返しお話ししてきたつもりです。

最後に、より広い視野からこのことを考えてみたいと思います。

日本の精神文化の核心にあるのは、仏教でも神道でもなく、私は「結び」の思想だと考えています。『古事記』に見られる日本の歴史の始まりは、イザナギとイザナミという神々が嬉々として「みとのまぐわひ（美斗能麻具波比）」を営み、次々と国生みをしていったことになっています。

それは、この世のはじめにアダムとイブが愚かにもサタンであるヘビに騙され、うっかり禁断の実を口にすることによって、あがなうことのできない原罪を犯してしまったというキリスト教的な世界観とは、まったく異なるものです。

そんな「結び」の思想について、詳しくお話ししたいと思います。それを最も端的に表しているると私が考えるのが、神社に懸っている「注連縄《しめなわ》」です。注連縄は神と人、あの世とこの世、男と女、物と心の結び合いを象徴しています。

全国各地に大綱引きの古代神事が伝わっています。たいていの場合、最初に雄綱と雌綱が結び合わされ、それを両方から大勢の人間が引き合います。そこにはどちらが勝つかということよりも、この世で対立するものすべての「結び」を強める意味があるのであり、こんな貴重な神事を伝承している地域の人たちは、そのことをぜひ強く自覚してほしいと思います。

とくに伊勢神宮系の瀟洒《しょうしゃ》な注連縄に比して、出雲大社系あるいは諏訪大社系のそれは、圧倒的な存在感をもって神社本殿の正面を陣取っています。

民俗学者の吉野裕子氏は『蛇――日本の蛇信仰』の中で、注連縄は雌雄の大蛇が交尾している姿を表象するものだとしていますが、もしそうだとすれば、蛇のもつ旺盛な生殖力が、神道が何よりも尊いものとする「産みの力」に結びつけられたとも考えられます。

それは決して野卑なこと、ましてや非倫理的なことではありません。この注連縄の雄々しき姿にこそ、われわれ日本人の思想的元型が隠されているのだと私は思います。それは、二つの異質なものを見事に統合していく日本独自の文化的発酵力のことです。

注連縄が神社に祀られているのは、ご神域において人が厳粛に神事を行じ、心に穢れなきことを明らかにすれば、神と人との「結び」が実現することを示しています。どこまでも愚かな人間も、至誠を貫いた生き方をするならば神仏と結ばれる。それが日本宗教のソテリオロジー（救済論）の核心をなしているのです。

一神教では神と人、光と闇とは、どこまでも断絶した存在であり、神人合一体験を重視する神秘主義者を除いて、両者が結ばれるという考えは存在しません。創造主と被創造物との断絶が西洋一神教の思想的元型になっているがゆえに、そこから派生した西洋近代においても、聖と俗、善と悪、生と死、自然と文化、精神と物質、そして意識と無意識の断絶が厳然と存在し、そういう二律背反的な思考回路が欧米人の知性の本質を形成していると私は考えています。

そうした合理主義的思想は近代科学を進化させ、そこから派生した近代産業が、今日の文明を構築することになりました。

しかしその一方で、日本人は古来、そのようにナイーブな二元論的世界に生きてきたわけではないことも認識すべきだと私は思います。いたずらに善悪白黒をはっきりさせない曖昧な文化を培ってきた日本人には、たとえ異質なものも決して相対立するものではなく、

出雲大社神楽殿の注連縄

基層においてしっかりとつながっているという直観があり、その直観こそが日本人の思想的元型としての「結び」の思想に他ならないと、私は定義づけるに至ったのです。

出雲における「国譲り神話」もまた、力強く「結び」の思想を物語っています。『旧約聖書』に定められているような聖戦による異民族・異教徒の殲滅《せんめつ》義務とは対照的に、それは先住民族と渡来民族の和解と融合を象徴するものであり、そのような古代神話を民族的精神遺産として二一世紀の今日まで引き継いでいることを、日本国民は大いに誇りとすべきではないかと思うのです。

意識と無意識を結び合わせる

古代シンボリズムの一つに、ウロボロスというものがあります。ギリシア語で「尾を飲み込む蛇」という意味があるウロボロスは、古代の中国やインド、中米のアステカ、北米のネイティブ・アメリカンなどの文化によく見受けられます。その円環する蛇の姿は循環・永遠・無限・完全などを象徴するとされています。

日本の注連縄と同様に、ウロボロスもまた「結び」の思想を象徴していると、私は考えています。蛇の頭が自分の尻尾を噛んでいる姿は、自我意識が無意識を捉えているとも理解できるのではないかと思います。**すべての「意識の壁」が取り払われ、意識が無意識になり、無意識が意識になってこそ、何にも囚われない十全な人間性が実現する**のです。

生と死、有限と無限、過去と現在、現在と未来、時間と空間、自分と他者が分断されているのは、人間の意識の中だけです。そのすべてが一つに結び合わされた絶対的場所に立っているのが、今の自分です。

ブッダが生まれたときに、「天上天下唯我独尊《てんじょうてんげゆいがどくそん》」と言ったというのは寓話《ぐうわ》だと思いますが、誰もが「今ここ」という絶対的瞬間において「天上天下唯我独尊」なのだと思います。本書のテーマである「無意識」との対話の最終的な到達点は、「今ここ」を生き切ることにあります。

日本の伝統芸能や科学技術は、すでに国際的に高い評価を得ていますが、この国の思想的元型としての「結び」の思想は、ほとんど認知されていません。なぜなら、近代合理主義に慣れきってしまった日本人自身が、その真価を評価できないでいるからです。私はこの思想的元型を日本人に啓蒙するだけではなく、世界発信することに残された学者生命を賭けたいと願っています。

京都学派の西田幾多郎もまた、彼の禅体験に基づいた日本の思想的元型を、欧米の論理で解明しようとした最初の哲学者ですが、その表現があまりにも難解なため、一部の研究者以外にはその思想が受容されていません。「結び」の思想は、西田の「絶対矛盾の自己同一化」という概念の延長線上にあるといえますが、私はなるべく抽象的観念論に走らず、わかりやすい議論をこれからも展開していきたいと思っています。

「結び」の思想のことを仏教では、「煩悩即菩提」や「色即是空、空即是色」という考え方で表現してきたと私は捉えています。これは仏典に出てくる言葉であり、決して日本仏教のオリジナルではありませんが、そこにある大乗精神をもっとも具体的に実現しているのは、世俗化した日本仏教だと思います。

迷いが悟りであり、悟りが迷いなのです。ここまでが迷いで、ここからは悟りという境界線はありません。わざわざ出家するまでもなく、私たちの営む日常生活が、そのまま精神生活でもあるのです。商売でせっせとお金を稼ぐことも、何かの趣味に没頭することも、心がけ次第で立派な悟りにつながっていきます。こんな現実的で、誰にでも実践可能な悟りの道を提供してくれている大乗仏教の、最も成熟した形が日本仏教なのです。

「結び」の思想は、「生死《しょうじ》即《そく》涅槃《ねはん》」という考えにも通じています。私たちが生きたり死んだりすることも、涅槃。つまり、一つの連続性の中で起きているということです。生と死も途切れていないし、意識と無意識も途切れていない。私たちは近代合理主義的な思考で、それらが断絶していると考えがちですが、じつはそちらのほうが全くの錯覚だった、ということもあり得るわけです。

「禍福はあざなえる縄のごとし」と言いますが、**喜びと悲しみ、煩悩と菩提、意識と無意識、生と死のすべてが「あざなえる縄のごとし」**なのだと、私は考えています。そのどちらかが単独で存在することなど、あり得ないことではないでしょうか。

私たちが今生きていることも、無数の人々の死の上に成り立っています。私たちよりずっと以前に生きて、街を作った人、発電をした人、上下水道を引いた人、橋やトンネルを作り、電車を走らせた人たちがいたわけですが、そういう人たちも例外なく冥途に移っています。

先人の死は無駄ではなく、生と死の無限回のバトンタッチが繰り返されて、今私たちが享受している近代的生活が実現しています。生が死を生み、死が生を生み出してきたのです。そう思えば、生きているだけで奇蹟であり、今日の平凡に感謝せざるを得ません。

無分別智を体現する「痴聖人」

禅宗に「十牛図《じゅうぎゅうず》」という、中国唐代に創られた水墨画が伝わっています。それは、禅の修行者がどのように悟りを深めていくかを十段階に分けて解き明かしたものです。

若い牧童が行方不明になった「牛」を追い求めていくという展開になっているのですが、この物語を丹念に読み込めば、現代世界に生きる私たち自身が、どのように「無意識との対話」を深めていけばよいのか、大いに参考になると思います。

各図の説明は割愛させていただきますが、ここでは最後の第十図「入鄽垂手《にってんすいしゅ》」に注目してみましょう。

かつての牧童が布袋《ほてい》のような豊満な体つきになって、街を徘徊しています。彼は、「痴聖《ちせい》人《じん》」と呼ばれる禅の理想的人間像を示しています。彼は俗に入って俗に染まらず、当たり前の世界に生きて、当たり前ならざるものを楽しむことを知っています。それが遊戯三昧《ゆげざんまい》の境地であり、彼にとっては、もはや仕事と遊びの境界線すら存在しないのです。

私は、この「痴聖人」こそが、意識と無意識の統合が進んだ、全人格的な円熟を体現していると理解しています。「痴聖人」の「痴」とは、あたかも分別を失った愚者のごとく、彼が是非善悪を超えたところで自由の境涯を楽しんでいることを示しています。仏教でいう「無分別智」を会得している彼にとっては、生きることも死ぬことも大して違いがありません。生死輪廻を超越した涅槃を具体的に実現した人物像だと言えます。

もし「痴」の一字が付いていなければ、道徳的に完璧な「聖人」となり、人間的な魅力が半減してしまいます。聖人（セイント）という言葉をよく使うのは一神教文化圏ですが、まさに聖人とは「神の似姿」である理想的人間像を表しています。しかしこの人間社会に、そんな人物が現実にいるのか、いささか疑問に思います。いずれの宗教的伝統でも、宗祖を道徳的に完璧な人間として祀り上げる傾向にありますが、ブッダやイエスでさえ、人間的間違いを犯したはずです。そこに人間世界の面白みがあります。

拙著『愚者の知恵』の中で、私はトルストイの民話「イワンの馬鹿」を例に引いて、キリスト教世界でも「愚」に対する積極的評価が存在することを指摘しました。やはり人間性の深部には、東西を超えた共通基盤が存在するのです。

大人気を博した映画『フォレスト・ガンプ／一期一会』でも、やや知的障害のある主人公がじつは人間的にはとても優れ、次々と幸運にも恵まれることが描かれています。フォレストの台詞に「人生はチョコレートの箱。開けてみるまで中身はわからない」というものがありますが、彼は直観的に無意識の広がりを理解していたのではないでしょうか。

「痴聖人」という概念を生み出したのは、唐代の中国人です。当時の中国人が、そんな深い知恵を持っていたことに畏敬の念を覚えます。

国際社会で存在感を増しつつある現代中国ですが、そのことによって十三億の中国

十牛図 周文筆 第十図「入鄽垂手」（相国寺蔵）

国民が自我を膨張し続けるとしたら、それはたちまち覇権主義につながり、とても危険なことではないかと思います。反対に彼らが「無意識との対話」を深め、かつてその文化の核心にあった「痴聖人」というような価値観を取り戻してくれさえすれば、再び世界に冠たる文明国として復活することが期待できるのではないかと思うのです。

無意識の基盤が脆弱な近代文明

数年前、杭工事のデータ改ざんによるマンション傾斜問題が起きましたが、あれは現代日本人の心理構造が表面化したような象徴的な事件だったと私は捉えています。

現代人は無意識への杭の打ち込みが足りないため、自我が不安定になってしまっているのです。いろいろな心の問題を抱えている人が多いのも、意識と無意識の「結び」、つまり統合がうまくできていないためなのではないかと思います。

犯罪率の低さ、交通網の充実、生活必需品の品質の良さなど、どの観点からも、日本は素晴らしく便利で快適な国です。これは海外生活を長く体験された方なら、すぐに同感していただけると思います。日本人が当たり前だと思っていることの大半は、外国では当たり前ではありません。私たちは恵まれ過ぎて、そのありがたみがわからなくなっています。

そんな恵まれた環境に暮らしながら、現代日本人が、いつもセカセカしていて、どこか落ち着かないのも事実です。この落ち着きのなさは、すべてが高速化するインフラに取り囲まれて、誰もがペースの速いライフスタイルに追い込まれていることにも一因があります。日本全体の歯車が速く回り過ぎていて、誰も減速のブレーキがかけられない状態にあるわけです。

それに加えて、日本人の美徳である勤勉さも影響しています。いつまでに必ず仕事を完遂しなければならないというノルマに追われて、イライラ、セカセカしているわけです。そして、何百年も和服で暮らしていた人間が借りてきた洋服を着て生活をしているような違和感が、今も意識下にあるのではないかと、私は思います。その明確には意識されていない違和感が、現代日本人の情緒不安定を招いているのではないでしょうか。

それは、意識と無意識がバラバラになっているということです。土台が弱い建物は、台風や地震が来ると、大揺れに揺れて、場合によっては倒壊してしまいます。根がしっかりと張っていない樹木も、すぐに枯れたり、倒れたりします。現代日本人の意識構造はそれと同じだと思います。

人生には失敗や挫折が付きものですが、そういうネガティブな体験があっても、精神に耐震構造が備わっていれば、やり過ごすことができます。ここで私の言う耐震構造とは、自我意識と無意識の連携プレーのことです。自我意識が大きく凹んでも、無意識のバネがあれば、それを跳ね返すことができるはずです。

誰だって嫌なことがあれば落ち込むのは当たり前ですが、要はそこからの回復力があるかどうかです。健康体だと、皮膚をつねってもすぐにもとに戻りますが、脱水症の傾向が出てくると戻りません。それと同じような症状が人間の心理構造にでも出てくるわけです。心に柔軟性がなくなると、日々の生活が苦痛になり、さまざまな精神疾患の発症につながってしまいます。

それは、なぜでしょうか。それは「無意識との対話」の重要性がまったく無視されているからだと私は考えます。無意識に抑圧感情が押し込められて、それが飽和状態になったとき、爆発してしまうのです。機能不全の家庭が増えて、幼少期にトラウマを抱え込んでしまう人、激しい競争に取り残されて負け犬根性が染みついてしまった人などで、現代社会は溢れかえっています。

内閣府による二〇一〇年の調査では、日本国内には約七〇万人の「ひきこもり」が存在し、その予備軍となれば一五五万人もいるといいます。さらに驚くべきことに、四〇代の

「ひきこもり」は平均二二年間も続いているというデータもあります。ご本人もご家族も苦しんでおられるはずですが、これは国家にとっても深刻な事態です。

二〇一六年にも調査が行われ、「ひきこもり」は約五四万人に減少したとされていましたが、二〇一八年に行われた調査では、中高年（四〇〜六四歳）のひきこもりは六一万三千人にのぼるという結果が出ています。

真面目な人ほど、弱音も吐かずに自分の中に押し込めてしまうので、発散の場がないまま、ある日突然、発作的に暴力を振るってしまうこともあるでしょう。ネットにはまり込んでしまっている若者も、身体運動の不足から意識化されない抑圧感情を自己内面で発酵させてしまっているので、自分でも予期しない行動に出てしまう可能性があるのです。

私たちは、ふだんから「無意識との対話」ができていればいいのですが、その存在を認めず、そこから発せられた声にも耳を傾けようとはしません。それが自我意識過剰の現代人の悲しさではないかと思うのです。

大地震は思いがけないときにやってきて、何もかも奪い取ってしまいます。「心の大地震」も同じことです。そういうときに備えて、ふだんから無意識の深い地層にしっかりと杭を打ち込んでおくことは、何よりも大切なことではないかと、私は思っています。

日本人としてできること

明治維新以降、日本は現在までの一五〇年ほどの間に頑張って、欧米諸国に肩を並べるほどの先進国になりました。勤勉で聡明な国民性が功を奏したと考えていいでしょう。もともと多神教文化をもった国が、一神教的コスモロジーを原理として動いている近代文明の優等生になったことは、人類史上、特筆すべきことかもしれません。

日本人の勤勉な国民性は、日本列島の脆弱さから来ているのではないかと私は考えています。地震や台風が頻発し、多くの生命と財産が一気に失われるようなことを、日本人は歴史的に何度も繰り返し体験してきました。

それでも絶望せずに互いに助け合って立ち上がる。その粘り強さが普遍無意識の記憶となっているところに、日本人の最大の強みがあるように思います。

繰り返しお話ししてきたことですが、理知を中心とした近代文明は、自我意識の上に構築されていると私は考えています。そこには、砂上の楼閣のような危うさがつきまとっています。地球環境の悪化や核爆発、あるいは新型ウイルスが蔓延するパンデミックで突然、人類が消滅というシナリオもあり得るわけですが、それはいずれも近代人の自我膨張がもたらしたリスクです。

アメリカと中国という二大国の狭間に位置する日本は、近未来において、ますます困難な状況に直面することになりそうです。何しろ超高齢化と少子化という生物学的な課題を二つも抱えている国家が生産性を高め、国際社会でその存在感を大きくしていくことは、かなり非現実的な話です。

しかし、日本人には先祖伝来の強みがあります。それは、伝統文化を通じて「無意識の力」を大切にしてきたことです。日本の工芸品や美術品が世界的な定評を得ているのは、それを造形した人たちが自我意識ではない、深い意識から創造力を発揮したからではないでしょうか。

柔道や空手などの武道も世界に広がっていますが、日本の武道は近代スポーツとは異なり、勝敗よりも精神の錬磨に主眼を置いてきました。それが評価されているのだと思います。武道では、技を使う以前に、臍下丹田《せいかたんでん》に気を込めることが大きなポイントです。まさにそれが、意識を深化させるコツです。もし無意識にまで落とすことができたなら、自他不二の境地となり、敵を恐れることもなくなるでしょう。

宮本武蔵が無敗だったというのは、刀さばきに卓越した技術を習得していたことは言うまでもありませんが、彼が真剣勝負において「無意識の力」を使うことを知っていたからではないかと思います。

わが二天一流の兵法の正しい道をこの世において誰が得られようか。自分はいずれもきわめようと確信して、朝に夕に鍛練をつみ、技をみがきつくして後に、ひとり思うままとなり、自然に奇特な力を得て、自由自在の神妙な力をもつことができるようになるのである。これが武士として兵法を修行する心意気である。

（宮本武蔵著、鎌田茂雄訳注『五輪書』）

この「自由自在の神妙な力」とは、原文では「通力不思議」と書かれています。私なりの解釈では、この「通力不思議」とは、「無意識の力」のことです。武蔵は武術の鍛錬を通じて「無意識との対話」に熟達するようになったのではないでしょうか。

現代日本人も、なるべく重心を臍下丹田に落とし、アタマよりも全身で思考するような訓練が必要です。相撲の力士が四股《しこ》を踏むのも、体の重心を落とすためです。重心が上がっていては、いくら巨漢でも相手に投げ飛ばされてしまいます。だから力士は、稽古で一時間も二時間も四股を踏み続け、次第に強くなっていくのです。

近代合理主義の中で、先進国の人間は自我意識に焦点を合わせ、頭の回転の速さによって繁栄を築き上げてきました。欧米諸国と同じ土俵に上がれば、日本に勝ち目はありません。そうではなく、「無意識との対話」を深め、思考回路の軸を無意識にまで下げていけば、日本人独自の発想力が生まれてくるはずです。

日本が国際社会でいっそう活躍していくためには、まずモラル的に国民の意識を高めなくてはなりませんが、思考の重心を下げるためには、もっと「無意識との対話」を深めていかなくてはなりません。そこに新しい日本人の再生があり、今まで私たち自身が気づいていなかった実力が発揮されるように思います。

一説によれば、八百年周期で変わるとされている文明を俯瞰してみれば、近代文明が転換期に差しかかっているとも考えられます。次世代の文明とは、どのようなものでしょうか。私はそれを、意識下の直観力や想像力が基軸となって構築されるものではないかと予想しています。

それは先述したように本来、日本文化が得意としてきた分野です。現代日本人が「無意識との対話」を深め、過去と現在と未来とを美しく結び合わせることができる国民であることを信じて、本書を締めくくりたいと思います。

おわりに

人生は悲哀に満ちています。巧みに世渡りしているように見えても、人の心には何が潜んでいるかわからないものです。人は皆、他者に語り得ない悲しみや苦しみを抱えて生きています。そうでなければ、人殺しや自殺など悲惨な事件が毎日のように起きようもありません。

でも、仏陀は「自灯明《じとうみょう》、法灯明《ほうとうみょう》」（大般涅槃経《だいはつねはんぎょう》）と語り、自分自身を明かりとして闇の世を突き進めと教えました。その明かりとなるのが「無意識の力」であり、その最奥に潜んでいる「光の意識」でもあります。

絶望的な経済格差、核兵器の拡散、急速な地球環境の破壊といった観点に立ってみれば、近代文明は行き着くところまで行き着いた感があります。まもなく文明のパラダイムは分裂から融合へと、方向転換を余儀なくされるでしょう。それは一方向に振れ切った振り子が、元に戻ろうとするのと同じ原理です。

文明のパラダイムシフトが起きれば、人々の価値観が根本から覆され、今までの常識が非常識になります。既存の制度も大半が無効となり、宗教や政治経済も大きく変わることになります。

そんな文明の転換は、ふつう技術革命が引き金となると思われていますが、実は技術革命に先行するものがあります。それは意識革命です。人間の意識が変わらないかぎり、革新的な技術や制度も誕生できないからです。

聖書には、「後にいるものが先になり、先にいるものが後になる」（マタイ：二十章）という言葉が記されていますが、近代文明においては自我意識が「先にいるもの」であり、無意識が「後にいるもの」となっています。その順番が、いよいよ逆になる時代が到来したように思います。

頭デッカチの人間が築き上げた「力の文明」が崩壊した後に再構築されるのは、深い心をもった人間が他者との共感の中で積み上げる「優しさの文明」であってほしいと、私は願っています。他者を押しのけてでも、自分が前に出ようとするエゴには、不幸な結末が待ち受けているだけです。生活に困らない程度の豊かさと、他者との助け合いがあれば、人間は十分に幸せでいることができます。そんな単純なことを、私たち現代人はすっかり忘れてしまっているのです。

人類社会は今、文明転換に不可欠の意識革命を引き起こすだけのインパクトのある思想を求めています。私は宗教家としても学者としても、まことに数奇な人生を歩んできましたが、そのような人類普遍の思想を提起することを、自分に課せられた最後の使命のように感じています。そんな大それた想いを内に秘めながら執筆したのが、今回の『「無意識」はすべてを知っている』に他なりません。

本書は、二〇一七年にNHKラジオ番組『こころをよむ』で放送された内容に基づいたものです。放送と同時にNHKテキスト『無意識との対話――身心を見つめなおす』が出版されましたが、自分としては、いつか単行本として世に出したいと考えていました。そのような頃、青春出版社の嶋田安芸子さんにお声をかけていただき、本書の刊行が実現することになりました。やはり祈りの心は通じるものです。改めて、嶋田さんや青春出版社の関係者に感謝いたします。

本書の中で、「ありがとう禅」や週末のプチ断食に言及していますが、ご興味のある方は、ぜひ実際に体験していただきたいと思います。また、富士山麓の御殿場高原にある「ありがとう寺」は、八角形の禅堂と総ガラス張りの護摩堂から成り立っています。私の「無意識の力」が引き寄せた開放的寺院ですので、ぜひ足を運んでみてください。

無意識はすべてを知っています。令和という新しい時代を迎えましたが、一人でも多くの方が「無意識の力」を原動力として、より豊かで平和な暮らしを実現されることを心から願い、筆を措かせていただきます。

二〇一九年一二月

町田宗鳳

引用・参考文献

村上春樹『ねじまき鳥クロニクル 第2部 予言する鳥編』(新潮文庫、1997年)

『イチロー262のメッセージ』編集委員会『夢をつかむ イチロー 262のメッセージ』(ぴあ、2005年)

小西慶三『イチローの流儀』(新潮文庫、2009年)

児玉光雄『どんな時でも結果が出せる! イチロー式 集中力』(PHP文庫、2010年)

アウグスティヌス著・山田晶訳『告白II』(中公文庫、2014年)

鈴木大拙編校『盤珪禅師語録』(岩波文庫、1941年)

玉城康四郎『ダンマの顕現――仏道に学ぶ』(大蔵出版、1995年)

植芝吉祥丸監修・合気会編『合気神髄――合気道開祖・植芝盛平語録』(柏樹社、1990年)

町田宗鳳『法然対明恵――鎌倉仏教の宗教対決』(講談社選書メチエ、1998年)

町田宗鳳『「野性」の哲学――生きぬく力を取り戻す』(ちくま新書、2001年)

町田宗鳳『人類は「宗教」に勝てるか――一神教文明の終焉』(NHKブックス、2007年)

町田宗鳳『愚者の知恵――トルストイ「イワンの馬鹿」という生き方』(講談社+α新書、2008年)

町田宗鳳『法然・愚に還る喜び――死を超えて生きる』(NHKブックス、2010年)

町田宗鳳『人の運は「少食」にあり』(講談社+α新書、2013年)

町田宗鳳『死者は生きている――「見えざるもの」と私たちの幸福』(筑摩書房、2016年)

丸山圭三郎『言葉と無意識』(講談社現代新書、1987年)

宮坂宥勝訳『ブッダの教え――スッタニパータ』(法蔵館、2002年)

J・ヤコービ『ユング心理学』(日本教文社、1959年)

山﨑広子『8割の人は自分の声が嫌い――心に届く声、伝わる声』(角川SSC新書、2014年)

高橋徳著、市谷敏訳『人は愛することで健康になれる』(知道出版、2014年)

石井健吾編訳『フランシスコの祈り』(女子パウロ会、1992年)

マザー・テレサ『聖なる者となりなさい――マザー・テレサの生き方』(ドン・ボスコ社、2002年)

吉野裕子『蛇――日本の蛇信仰』(法政大学出版局、1979年)

宮本武蔵著、鎌田茂雄訳注『五輪書』(講談社学術文庫、1986年)

著者紹介

町田宗鳳　（まちだ そうほう）
広島大学名誉教授・比較宗教学者。御殿場高原「ありがとう寺」住職。1950年京都府生まれ。14歳で出家し、臨済宗大徳寺で20年間修行。ハーバード大学で神学修士号、ペンシルバニア大学で哲学博士号を取得。プリンストン大学助教授、国立シンガポール大学准教授、東京外国語大学教授などを経て現職。
『人類は「宗教」に勝てるか』（NHKブックス）、『「ありがとう禅」が世界を変える』（春秋社）、『異界探訪』（山と渓谷社）など著書多数。国内各地およびアメリカ、フランス、台湾などで「ありがとう禅」を、静岡県御殿場市で「ありがとう断食セミナー」を開催している。
http://www.arigatozen.com/

「無意識《むいしき》」はすべてを知《し》っている

2019年12月25日　第１刷

著　　者　町《まち》田《だ》宗《そう》鳳《ほう》

発行者　小澤源太郎

責任編集　株式会社 プライム涌光
電話　編集部　03(3203)2850

発行所　株式会社 青春出版社
東京都新宿区若松町12番１号 〒162-0056
振替番号　00190-7-98602
電話　営業部　03(3207)1916

印刷　中央精版印刷　製本　フォーネット社

万一、落丁、乱丁がありました節は、お取りかえします。

ISBN978-4-413-23142-8 C0095